Sharing the Planet
함께 사는 지구를 지켜요

처음 시작하는 IB 수업 ⑥

Sharing the Planet
함께 사는 지구를 지켜요

환경, 자원, 그리고 공존을 위한 지구 시민 수업

김선 지음

혜화동

Table of contents 차례

서문 … 006

1장 생명은 어떻게 연결되어 있을까요? … 008
생태계 구성과 생명 간의 연결성

2장 내가 쓰는 자원, 어디서 올까요? … 028
자원의 흐름과 사용 구조

3장 플라스틱 없이 살아 보기 도전! … 048
환경보호와 일상 속 실천

4장 갈등이 생기면 어떻게 해결할까요? … 070
갈등 해결과 평화로운 의사소통

5장	**나만의 친환경 아이디어 발명하기**	**090**
	친환경 발명과 창의적 문제 해결	

6장	**모두를 위한 공간은 어떻게 만들어야 할까요?**	**124**
	공공 공간 설계와 사회적 배려	

7장	**지구를 지키는 시민이란?**	**152**
	시민성, 책임, 지속 가능한 실천	

8장	**우리 마을의 미래는 어떻게 변할까요?**	**174**
	지속 가능한 도시와 미래 사회 상상	

서문
지구와 함께 살아가는 시민의 길

"지구는 어떻게 움직일까?"

"나는 어떤 책임을 지고 있을까?"

이 책은 지구를 하나의 거대한 공동체로 바라보며, 자연과 인간 사회가 어떻게 상호작용하고 연결되어 있는지를 탐구합니다. 기후변화, 자원 고갈, 쓰레기 문제와 같은 오늘날의 환경 과제를 어린이의 시선에서 이해할 수 있도록 구성하였으며, 그 속에서 인간의 선택과 행동이 미래에 어떤 결과를 초래하는지 성찰하도록 이끕니다.

나와 가족, 지역사회, 그리고 전 세계가 긴밀히 연결되어 있음을 배우는 과정에서, 어린이들은 환경과 사회의 책임 있는 주체로 성장할 수 있습니다. 이 책은 단순한 지식 전달을 넘어, 어린이들이 스스로 문제의 원인을 파악하고 구체적인 실천 방안을 모색하도록 안내합니다.

1장
생명은 어떻게 연결되어 있을까요?

생태계 구성과 생명 간의 연결성

중심 개념
생명
(Life)

관련 개념
생태계(Ecosystem)
상호작용(Interaction)
먹이사슬(Food Chain)

사고 개념
연결
(Connection)

연계 교과

- 과학: 생물과 환경의 관계를 탐구하고 먹이사슬과 균형을 이해하며 생태계의 변화를 살펴보기
- 사회: 자연환경과 생활의 관계를 조사하고 인간 활동이 환경에 주는 영향을 알며 환경 보전의 중요성을 생각하기

탐구 질문

❖ 다양한 생명체는 어떤 방식으로 서로 연결되어 있을까요?

❖ 생태계에서 생명체 간의 상호작용은 어떤 역할을 할까요?

❖ 생태계가 무너지면 우리 삶에 어떤 영향이 생길까요?

교과서 속 연결 이야기

생명은 혼자 살아가는 것이 아니라, 서로 연결되어 돕고 영향을 주고받으며 살아가요. 이 단원은 과학과 사회 교과의 배움과 깊이 이어져 있어요.

과학 시간에는 생물과 환경이 어떤 관계를 맺고 있는지 탐구해요. 생산자, 소비자, 분해자가 먹이사슬을 이루며 생태계의 균형을 유지한다는 것을 배우고, 이 균형이 깨지면 어떤 변화가 생기는지도 실제 사례와 실험을 통해 살펴보지요.

사회 시간에는 우리가 사는 지역의 자연환경이 생활과 어떻게 연결되는지를 조사해요. 또 인간의 활동이 환경을 바꾸고 때로는 생태계를 위협하기도 한다는 점을 배우게 돼요. 더 나아가 기후변화나 환경 파괴처럼 지역을 넘어 전 세계에 영향을 주는 문제를 살펴보면서, 환경 보전이 왜 중요한지도 생각해요.

이처럼 과학과 사회에서 배우는 내용은 결국 하나로 이어져 있어요. 우리는 자연과 분리된 존재가 아니라 그 일부라는 사실, 그리고 작은 행동 하나가 생태계 전체에 영향을 줄 수 있다는 것을 배우게 되지요. 그래서 자연을 아끼고 지켜야 한다는 책임도 함께 깨닫게 돼요.

숲속 캠프의 발견

여름방학, 유나는 가족과 함께 깊은 산속 숲 캠프에 갔어요. 도착하자마자 솔잎 냄새가 가득한 공기와 시원한 바람이 유나의 뺨을 스쳤어요. 평소엔 복잡한 도시에서 학교와 학원으로 바쁘게 지냈던 유나는, 오랜만에 휴대전화도 꺼 놓고 자연 속에서 느긋한 시간을 보내게 되었죠.

캠프 이튿날 아침, 유나는 텐트 앞 나무 아래 작은 돗자리를 펴고 그림책을 읽고 있다가 조용한 새소리와 함께 바닥에서 무언가 바쁘게 움직이는 것을 발견했어요. 유나는 고개를 숙여 땅을 살펴보다가 눈이 동그래졌어요.

"우와… 개미들이 줄지어 무언가를 옮기고 있어!"

개미들은 나뭇잎 조각과 먹이를 차곡차곡 옮기며 끊임없이 움직이고 있었어요. 어떤 개미는 다른 개미의 등에 올라타기도 하고, 무언가를 떨어뜨리면 다른 개미가 도와주기도 했죠. 유나는 숨을 죽이며 오랫동안 그 장면을 지켜봤어요.

"저렇게 작은 개미들도 서로 도우면서 살다니, 신기하다…."

그때 마침 곤충 관찰 수업이 시작되었고, 숲 생태 해설사 선생님이 아이들 앞에 나타났어요. 선생님은 곤충 채집망과 도감을 들고 오셔서 이렇게 말씀하셨어요.

"숲에서는 모든 생명이 연결되어 있어요. 이걸 바로 '생태계'라고 하지요. 예를 들어, 개미가 나뭇잎을 갉아 모으면 그걸 분해하는 곰팡이나 미생물들이 있어요. 또 개미를 먹는 딱정벌레도 있고요. 그런 딱정벌레를 새가 먹기도 하죠. 그리고 새는 나무에 둥지를 틀고 알을 낳아요. 나무는 햇빛을 받아 에너지를 만들고, 뿌리를 통해 땅의 양분을 빨아들여 자랍니다. 이 모든 게 서로 연결된 거랍니다."

유나는 고개를 끄덕이며 다시 아까 봤던 개미들을 떠올렸어요. 숲속의 나무, 풀, 동물, 곤충들이 전부 마치 보이지 않는 끈으로 이어져 있다는 사실이 너무 놀라웠어요.

그날 밤, 유나는 별이 가득한 밤하늘 아래 가족과 함께 불을 쬐며 말했어요.

"엄마, 아빠… 숲은 그냥 나무랑 동물이 있는 게 아니래요. 다 연결돼 있어서, 하나라도 사라지면 나머지도 위험해진대요."

엄마는 따뜻하게 웃으며 말씀하셨어요.

"맞아, 유나야. 그래서 우리가 자연을 아껴야 하는 거야. 우리가 버린 작은 쓰레기도 결국 누군가의 집을 망가뜨릴 수 있으니까."

캠프에서 돌아온 유나는 도서관에서 '생태계', '먹이사슬', '공생관계' 같은 주제를 포함하는 책들을 찾아 읽기 시작했어요. 그림도 그리고 메모도 하며 자연 속 생명의 연결 고리를 하나씩 정리해 나갔죠.

며칠 뒤, 유나는 학교 발표 시간에 손을 번쩍 들고 말했어요.

"생태계는 생명체들이 혼자 살아가는 게 아니라, 다 연결되어 돕고 도우며 살아가는 거예요. 우리도 그 일부니까, 자연을 함부로 대하면 안 돼요!"

그날 발표를 들은 친구들 사이에서도 이런 말이 나왔어요.

"우리도 학교에 있는 나무랑 새들을 더 사랑하고 지켜야겠다."

"다음에 소풍 갈 때는 쓰레기 절대 안 버릴 거야."

숲속 캠프에서 시작된 유나의 작은 발견은, 이제 친구들의 마음 속에도 번져가고 있었어요.

그날 유나는 생각했어요.

'나는 자연과 연결된 생명이야. 나도 생태계의 한 부분이구나.'

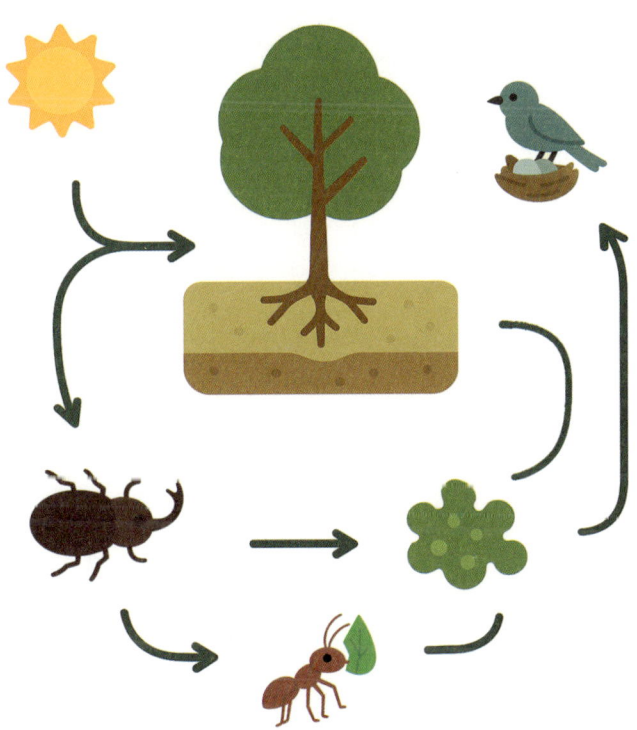

생태계란 무엇일까요?

생태계는 아주 크고 복잡한 살아 있는 연결망이에요. 쉽게 말하면, 서로 영향을 주고받으며 함께 살아가는 생물들과 자연환경이 하나의 팀처럼 어우러져 있는 것이 바로 생태계예요. 이 팀에는 식물, 동물, 곤충, 물고기, 곰팡이, 미생물처럼 살아 있는 생명체(생물)도 들어가고, 햇빛, 바람, 흙, 물, 돌처럼 살아 있지는 않지만, 꼭 필요한 자연 요소(무생물)도 함께 포함돼요.

예를 들어, 학교 뒷산을 한번 떠올려 볼까요? 그곳에는 소나무, 민들레, 다람쥐, 새, 딱정벌레가 함께 살고 있어요. 이들은 그저 같은 공간에 있는 것이 아니라, 서로 도움을 주고받으며 살아가요.

- 햇빛은 나무와 풀에 에너지를 줘요
- 풀과 나무는 이 햇빛을 이용해 양분을 만들어 자라고, 그 잎은 메뚜기나 사슴의 먹이가 돼요
- 사슴은 나뭇잎을 먹고, 사슴을 늑대가 잡아먹어요
- 늑대가 죽으면, 흙 속의 미생물이 시체를 분해해서 다시 흙의 영양분이 되게 해요
- 그렇게 만들어진 풍부한 흙은 다시 풀과 나무가 자라는 데 쓰여요

이렇게 생물과 자연은 먹고 먹히는 먹이사슬로 연결되어 있고, 동시에 도와주고 도움받는 관계로 얽혀 있어요. 이 연결된 관계들을 모두 합쳐서 생태계라고 불러요.

또 다른 예를 볼까요? 논에서 사는 개구리 생태계를 살펴보면

> 논에는 벼, 개구리, 올챙이, 잠자리, 물고기, 미꾸라지, 풀벌레, 미생물, 그리고 흙과 물이 있어요

▼

> 벼는 햇빛과 물을 이용해 자라고, 벼 사이에 사는 벌레를 개구리가 잡아먹고, 개구리는 다시 뱀의 먹이가 되죠

▼

> 뱀이나 개구리가 죽으면, 흙 속 미생물이 시체를 분해해서 흙을 기름지게 만들어요

▼

> 잠자리 유충은 물속에서 작은 벌레를 잡아먹고, 다 자라면 하늘을 날며 꽃가루를 퍼뜨리기도 해요

이처럼 한 생명도 다른 생명이나 환경과 무관하게 살아가는 것이 없어요. 그런데 만약 이 생태계에 문제가 생기면 어떤 일이 벌어질까요? 예를 들어, 어떤 사람이 논 근처에 농약을 너무 많이 뿌리면 개구리와 미꾸라지가 죽고, 그 결과 벌레가 너무 많아져요. 이렇게 되면 서식 환경이 파괴되어 곤충을 잡아먹는 새들이 둥지를 틀거나 번식하기 어려워지고, 결국 개체 수가 줄어들어요. 이처럼 하나의 변화가 줄줄이

다른 변화로 이어지는 것을 생태계의 균형이 무너진다고 해요.

또 하나의 예는 도시 속 작은 공원이에요. 거기에는 나무, 새, 다람쥐, 벌, 나비, 민들레, 그리고 놀러 오는 사람들도 있죠.

벌과 나비는 꽃가루를 옮겨 꽃이 열매를 맺게 도와줘요. 다람쥐는 도토리를 묻어두고, 그중 일부는 나중에 새로운 나무로 자라기도 해요. 하지만 사람들이 여기저기 쓰레기를 버리거나 잔디밭을 밟고 다니면, 벌레가 죽고, 나무가 약해지고, 결국 새들도 떠나가요.

이처럼 생태계는 아주 예민하면서도 섬세하게 연결된 시스템이에요. 하나만 망가져도 전체가 흔들릴 수 있어요. 그래서 우리는 자연을 그냥 예쁘고 멋진 배경으로만 보지 말고, 함께 살아가는 친구들로 생각해야 해요.

우리 인간도 생태계의 한 부분이에요. 우리가 나무를 심거나, 플라스틱을 줄이거나, 쓰레기를 제대로 버리는 작은 행동 하나가 생태계 전체에 긍정적인 영향을 줄 수 있어요. 마치 하나의 나비가 날갯짓을 하면 다른 나라에 큰 바람이 불 수 있다는 '나비 효과'처럼 말이에요.

생태계란, 결국 '모두가 함께 살아가는 세상'이라는 뜻이에요. 나무도, 곤충도, 동물도, 그리고 우리 인간도 모두 연결되어 있고, 함께 살아가야만 하는 존재라는 것을 꼭 기억해 주세요!

**생태계가 무너지면
우리 삶에 어떤 영향이 생길까요?**

생태계는 단지 동물과 식물의 문제만이 아니라, 우리 인간의 삶을 직접 지탱해 주는 기반이에요. 만약 생태계가 무너지면, 우리가 먹고 마시고 숨 쉬는 기본적인 생활조차 어려워질 수 있어요. 이제부터 세계 곳곳에서 실제로 일어나고 있는 생태계 붕괴의 예시들을 보며, 그것이 우리 삶에 어떤 영향을 주는지 함께 생각해 볼게요.

먹을 것이 줄어들어요 – 곤충이 사라지는 독일의 사례

독일에서는 지난 30년 동안 특별한 자연 지역에서 날아다니는 곤충들이 75% 넘게 줄어들었어요. 왜 그럴까요? 농약 사용, 서식지 파괴, 도시 개발 때문이에요. 곤충들은 작지만 아주 중요한 역할을 해요. 특히 벌과 나비는 꽃가루를 옮기며 농작물이 열매를 맺게 도와주는 '수분자'예요.

벌이 사라지면?

- 사과, 딸기, 수박, 아몬드 같은 과일과 견과류가 열리지 않아요.
- 실제로 중국 일부 지역에서는 벌이 사라져, 사람들이 나무에 손으로 꽃가루를 옮기는 모습을 볼 수 있어요.
- 이런 현상이 계속되면 음식 가격이 오르고, 가난한 지역부터 식량 위기에 빠질 수 있어요.

깨끗한 물이 부족해져요 – 브라질과 인도네시아의 사례

브라질의 아마존 열대우림은 '지구의 허파'라고 불릴 정도로 숭요한 숲이에요. 나무는 잎을 통해 수분을 공기 중으로 내보내서 구름이 만들어지고 비가 내리는 데 도움을 주며, 땅을 지켜 홍수와 가뭄을 막아요. 그런데 지금은 많은 숲이 농장과 목장으로 바뀌며 점점 사라지고 있어요.

제2의 아마존이라 불리는 인도네시아 숲도 마찬가지로 파괴되고 있고요.

숲이 사라지면?

- 강이 마르고, 식수 부족이 심각해져요.
- 예를 들어, 상파울루 같은 대도시는 실제로 몇 년 전 심각한 가뭄과 물 부족 사태를 겪었어요.
- 인도네시아에서는 야자유 플랜테이션을 위해 숲을 없앤 뒤, 마을 근처에 홍수가 잦아지고 땅이 메마르게 되었어요.

공기가 나빠지고 기후가 이상해져요 – 북극과 호주의 사례

지구의 생태계는 지구 온도를 일정하게 유지해 주는 역할도 해요. 예를 들어, 북극의 빙하는 태양 빛을 반사해서 지구를 식히는 역할을 해요. 그런데 지구온난화로 빙하가 녹고, 기온이 더 올라가는 악순환이 반복되고 있어요.

기후변화가 심해지면?

- 호주에서는 2019~2020년 동안 대형 산불로 인해 코알라와 캥거루 같은 동물들이 30억 마리 넘게 피해를 입었다고 사람들이 추측했어요. 도시의 공기 질도 최악이 되었어요.
- 방글라데시 같은 해안 저지대 국가들은 해수면 상승으로 인해 농경지가 바닷물에 잠기고 있어요.
- 이는 곧 기후 이주민, 즉 살던 곳을 떠나야 하는 사람들이 생기는 문제로 이어져요.

바다가 병들어요 – 산호초 파괴와 어업의 위기

바다도 하나의 커다란 생태계예요. 특히 열대 바다의 산호초는 수많은 물고기와 해양 생물이 살아가는 터전이죠. 그런데 해수온 상승과 플라스틱 쓰레기, 오염 물질로 산호초가 죽어가고 있어요. 이를 백화 현상이라고 불러요.

산호초가 죽으면?

- 물고기들이 살 곳을 잃고 어획량이 줄어들어요.
- 몰디브, 필리핀, 태국 같은 섬나라들은 관광과 수산업에 크게 의존하고 있어서 경제적 타격이 커요.
- 해안가를 지켜주는 산호초가 사라지면, 태풍과 쓰나미의 피해도 더 심해져요.

우리 건강에도 영향을 줘요 – 코로나19와 생물 다양성

과학자들은 자연 생태계 파괴가 인간 감염병 증가와 관련이 있다고 말해요. 예를 들어, 숲이 파괴되면 야생동물이 인간 거주지 가까이 오고, 바이러스도 함께 옮겨올 수 있어요.

대표적인 사례?

- 코로나19, 에볼라, 사스, 조류인플루엔자 등은 모두 동물에서 인간으로 옮겨 온 감염병이에요.
- 생물 다양성이 높은 지역에서는 한 종이 병을 독점하지 않기 때문에 감염병이 퍼질 가능성이 작아요.
- 하지만 생태계가 파괴되면 병원체가 집중되고, 감염이 더 쉽게 퍼질 수 있어요.

결론: 생태계는 '우리의 삶' 그 자체

생태계는 우리에게 공기, 물, 식량, 의약품, 기후 조절, 감염병 예방까지 수많은 도움을 주고 있어요. 하지만 지금처럼 생태계를 계속 무너뜨린다면, 그 피해는 인간에게 돌아오게 돼요.

이제는 단순히 '자연을 보호해야 한다'가 아니라, '자연을 지키는 것이 곧 우리 자신을 지키는 일'이라는 것을 이해해야 할 때예요.

지구는 연결된 하나의 집이고, 우리는 그 집을 함께 살아가는 가족이에요. 그리고 이 가족을 지키는 건 어른들만이 아니라 우리 모두의 책임이랍니다.

우리 동네 생태계 탐험

생태계는 멀리 있는 숲에만 있는 것이 아니랍니다. 우리가 사는 마을, 학교 앞 화단, 동네 공원 속에도 수많은 생명이 살아가고 있지요. 이 활동은 실제 지역 환경을 탐험하며 눈에 보이든 보이지 않든 다양한 생명체와 비생물 요소들을 관찰하고, 그들이 서로 어떻게 관계를 맺고 있는지를 알아보는 현장 체험 활동이에요.

준비물

관찰 노트(또는 활동지), 연필, 색연필, 돋보기 또는 루페
스마트폰 또는 디지털카메라(선택), 야외활동이 가능한 복장

❖ **활동 방법**

1. 선생님과 함께 학교 주변이나 공원, 하천 근처 등 자연이 있는 장소로 나가요.

2. 활동지를 이용해 관찰할 항목을 미리 정해요.

   - 식물: 나무, 풀, 꽃 등

   - 동물: 새, 곤충, 개미, 달팽이 등

   - 비생물 요소: 흙, 바람, 물, 햇빛 등

3. 직접 관찰한 내용을 노트에 적고 그림도 함께 그려 보세요.

4. 관찰을 마친 후 교실로 돌아와, 본 생명체들이 서로 어떤 방식으로 연결되어 있는지 이야기해요.

   (예 "개미는 떨어진 빵조각을 먹고, 그 개미를 참새가 먹고, 참새는 나무에 둥지를 틀어요.")

❖ **응용 활동**

- 집에 돌아가 가족과 함께 '우리 동네 생태계 지도'를 그려 보세요.

- 관찰한 생명체 중 하나를 선택하여 '나의 하루 일기' 형식으로 생태계 속 역할을 상상해 보는 글쓰기 활동으로 확장해 보세요.

2장 내가 쓰는 자원, 어디서 올까요?

자원의 흐름과 사용 구조

중심 개념
자원
(Resources)

관련 개념
소비(Consumption)
생산(Production)
순환(Circulation)

사고 개념
원인
(Causation)

연계 교과

- **과학**: 태양광·풍력·수력 같은 재생에너지를 살펴보고 지속 가능하게 활용하기
- **실과**: 음식·옷·생활공간 자원을 합리적으로 선택하고 관리하며 지속 가능한 소비 습관 기르기
- **사회**: 지구촌 사람들의 생활과 자원의 연결을 탐구하고, 인구·환경 문제를 조사하며 미래를 위한 책임 의식 기르기

탐구 질문

❖ 우리가 사용하는 물건은 어디서 왔을까요?

❖ 자원은 어떻게 만들어지고, 다시 어떻게 사라질까요?

❖ 자원을 아껴 쓰지 않으면 어떤 일이 벌어질까요?

교과서 속 연결 이야기

자원은 그냥 쓰고 버리는 것이 아니라, 만들고 사용하고 다시 순환되어, 우리의 삶을 지탱하는 소중한 자산이에요. 이 단원은 과학, 실과, 사회 교과의 배움과 깊이 연결되어 있어요.

과학 시간에는 생활 속에서 사용하는 자원들을 조사하며 그것이 무한하지 않고 유한하다는 사실을 배우게 돼요. 또 태양광, 풍력, 수력 같은 재생에너지의 종류를 살펴보고, 이런 에너지를 지속 가능하게 쓰는 방법에도 관심을 기르지요.

실과 시간에는 음식, 옷, 생활 공간 같은 생활 자원을 어떻게 선택하고 관리해야 하는지 배워요. 음식이나 옷을 마련할 때 환경과 건강에 미치는 영향을 함께 고려하며, 합리적이고 지속 가능한 소비 습관을 익히게 돼요.

사회 시간에는 지구촌 사람들의 생활과 자원이 어떻게 연결되어 있는지를 배우고, 인구 분포나 환경문제 같은 세계적 과제를 탐구해요. 이를 통해 더 나은 미래를 만들기 위해 우리가 어떤 책임을 져야 하는지도 생각해 보게 되지요.

이처럼 여러 교과에서의 학습은 결국 하나로 이어집니다. 우리가 쓰는 물건 하나하나가 긴 흐름 속에서 온 것임을 알게 되고, 자원을 소중히 여기며 지혜롭게 사용해야 한다는 책임도 함께 배우게 돼요.

지후의 텀블러 추적기

 지후는 매일 아침 학교에 갈 때면 자신의 파란 텀블러를 챙겨요. 학교 식당에서 나오는 일회용 컵 대신 쓰기 위해서죠. 환경을 지키는 일이 멋진 일이라는 것을 지후는 알고 있어요.
 그런데 과학 시간에 선생님께서 '우리가 쓰는 물건은 자원이 긴 여행을 거쳐 만들어진 것'이라고 말씀하신 순간, 지후는 갑자기 궁금해졌어요.

'그럼 내 텀블러도 그런 긴 여행을 한 걸까?'

집에 돌아오자마자 지후는 텀블러를 들여다봤어요. 바닥을 뒤집어 보니 아주 작게 'Made in Vietnam'이라는 글씨가 적혀 있었어요. 지후는 엄마 아빠와 함께 컴퓨터를 켜고, 텀블러의 여정을 따라가 보기로 했어요.

먼저 베트남에 있는 알루미늄 광산 사진을 찾았고, 커다란 기계가 바위를 파내는 모습을 본 지후는 깜짝 놀랐어요. 광산에서 나온 알루미늄은 공장으로 옮겨지고, 뜨거운 열과 전기를 이용해 가공된 뒤, 여러 명의 노동자가 힘을 합쳐 텀블러를 만들어요. 완성된 텀블러는 다시 큰 배를 타고 바다를 건너 한국으로 오죠.

지후는 텀블러 하나에 이렇게 많은 자연과 사람의 힘이 들어간다는 사실이 믿기지 않았어요. 그냥 물 담는 통인 줄만 알았는데, 알고 보니 산을 파고, 기계를 돌리고, 에너지를 쓰고, 바다를 건너온 '대장정의 주인공'이었어요.

"그럼 이걸 버리면… 그동안 애쓴 모든 게 다 사라지는 거잖아…."

지후는 조용히 텀블러를 책상 위에 올려 두며 다짐했어요.

"앞으로 물건을 쉽게 버리지 말자. 이 텀블러도, 내 연필도, 다 긴 이야기를 담고 있는 거니까."

며칠 뒤, 지후는 반 친구들에게 자기가 찾은 텀블러의 여행 이야기를 들려주었고, 친구들도 신기해하며 자기가 쓰는 물건들의 출발지를 찾아보기 시작했어요. 그 일은 결국 '우리 물건의 여행 지도 만들기 프로젝트'로 이어졌고, 지후는 자신도 모르게 '자원의 흐름을 추적하는 탐험가'가 되어 있었답니다.

개념 이해

자원이란 무엇일까요?

자원(Resource)은 우리가 살아가는 데 꼭 필요한 모든 재료와 에너지를 말해요. 쉽게 말해, 우리가 먹고, 입고, 마시고, 쓰는 모든 것의 '출발점'이 바로 자원이죠.

예를 들어 볼까요?

우리가 마시는 물, 밥을 지을 때 쓰는 쌀, 겨울에 입는 패딩, 아침에 양치할 때 쓰는 치약, 친구에게 전화를 거는 스마트폰, 심지어 방 안을 밝히는 전기까지, 이 모든 것은 자원에서 비롯된 거예요.

자원은 크게 두 가지로 나눌 수 있어요.

첫째는 ==자연 자원==이에요. 땅, 바다, 공기, 햇빛, 바람, 나무처럼 자연에서 얻는 것들이에요. 예를 들어 나무는 종이와 연필, 가구를 만들 때 쓰이고, 바람은 풍력 발전기를 돌려 전기를 만들어요. 물은 우리가 마시기도 하지만, 공장에서 기계를 씻는 데도 쓰이고, 농사에 꼭 필요하죠.

둘째는 ==인공 자원==이에요. 이건 사람이 자연 자원을 가공해서 만든 것들이에요. 예를 들어 스마트폰을 생각해 볼게요. 스마트폰을 만들려면 여러 자원이 필요해요. 배터리를 위한 리튬, 화면을 위한 유리, 기판을 위한 금속들, 그리고 외관을 위한 플라스틱까지. 이 모든 건 원래 자연에서 나온 걸 공장에서 가공해서 만든 거예요.

이처럼 자원은 자연에서 시작해 사람이 만든 것까지 이어지는 긴 흐름 속에 있어요.

그런데 중요한 점은, 우리가 자원을 쓰면 쓸수록 지구에 남은 자원은 줄어든다는 것이에요.

자원에는 두 종류가 있어요.

==재생 가능한 자원은 시간이 지나면 다시 생기는 자원==이에요. 대표적

인 예로는 햇빛, 바람, 나무, 물 등이 있어요. 하지만 이 자원들도 무제한은 아니에요. 나무는 심어야 다시 자라고, 물도 오염되면 사용할 수 없어요.

==재생 불가능한 자원은 한 번 쓰면 다시 만들 수 없는 자원==이에요. 석탄, 석유, 천연가스, 철, 금 같은 광물이 여기에 해당해요. 우리가 매일 타고 다니는 자동차나 버스에 들어가는 기름은 대부분 석유에서 온 거고, 석유는 땅속에서 몇백만 년 동안 만들어진 거라 한 번 쓰면 다시 만들 수 없어요.

예를 들어, 종이 한 장을 만들기 위해 나무 한 그루의 일부분이 쓰이고, 전기를 한 시간 동안 사용하는 데 석탄이나 다른 에너지원들이 얼마나 타는지 생각해 보면, 우리가 평소에 '작은 것'이라고 생각하는 것들도 사실 많은 자원과 에너지를 써서 만들어진 귀한 것들이란 걸 알 수 있어요.

그래서 우리는 물건을 쓸 때 그냥 "싼 거니까", "많이 있으니까"라고 생각하면 안 돼요. 이것이 어디서 왔고, 얼마나 많은 자원이 들었는지, 그리고 그 자원이 사라지면 무슨 일이 일어나는지까지 함께 생각해야 해요.

우리가 지금처럼 물건을 많이 만들고, 많이 쓰고, 많이 버리는 생활을 계속하면, 언젠가 지구는 더는 우리에게 필요한 자원을 줄 수 없게 될 수도 있어요. 그래서 물건 하나하나를 소중히 여기고, 자원을 아껴 쓰는 습관이 정말 중요하답니다.

개념 확장

자원의 흐름, 눈에 보이지 않는 여행

우리가 사용하는 물건 하나하나에는 아주 긴 여행이 숨어 있어요. 이를 '자원의 흐름'이라고 해요. 그냥 마트에서 사는 것처럼 보이지만, 그 물건이 내 손에 오기까지 수많은 자원과 에너지가 사용되었고, 많은 사람이 함께 일했답니다.

예를 들어 우유 한 잔을 떠올려 볼까요?

풀밭에서 소가 자라고, 농부가 소를 돌보며 젖을 짜요. 이 우유는 냉장 트럭을 타고 공장으로 가고, 깨끗하게 살균되어 종이팩에 담겨요. 다시 마트로 운반되고, 우리가 그것을 사서 마시는 것이죠. 이 모든 과정, 즉 생산 → 운반 → 가공 → 유통 → 소비 → 폐기가 바로 자원의 흐름이에요.

자원의 흐름을 알면 좋은 점은 두 가지예요.

첫째, 어디서 자원이 낭비되는지 알 수 있고, 둘째, 어떤 과정이 환경에 큰 부담을 주는지 파악할 수 있어요.

예를 들어, 종이컵을 하루에 하나씩만 써도 1년에 365개, 나무 한 그루에서 나오는 종이의 일부가 필요해요. 하지만 텀블러 하나를 오래 쓰면, 종이를 만들고 버리는 데 드는 자원을 아낄 수 있지요.

이처럼 자원의 흐름을 살펴보는 것은 지구를 위한 첫걸음이에요. 그리고 지금, 세계 여러 나라에서는 자원 낭비를 줄이기 위한 다양한 시도를 하고 있어요.

나무 한 그루의 일부분   종이컵 365개

독일: 철저한 재활용 시스템

독일은 세계에서 재활용률이 가장 높은 나라 중 하나예요.

집마다 플라스틱, 종이, 유리, 음식물, 일반 쓰레기를 따로따로 분리해서 버려야 해요. 마트에서는 음료수를 살 때 '병 보증금(Pfand)'이 붙고, 빈 병을 반납하면 그 돈을 다시 돌려줘요.

그 덕분에 재활용률은 60% 이상, 쓰레기 매립량은 매우 적어요.

일본: 음식 자원의 순환

일본에서는 아직 먹을 수 있는 음식이 버려지는 것을 줄이기 위해 '푸드 뱅크' 제도를 운용하고 있어요.

슈퍼마켓이나 음식점에서 유통기한이 임박했지만 먹을 수 있는 음식을 푸드 뱅크에 기부하면, 그것을 어려운 이웃이나 복지 단체에 전달해요. 또한, 남은 음식은 가축 사료나 퇴비로도 활용돼요.

프랑스: 패션에도 책임을!

프랑스에서는 의류 낭비를 막기 위해 만들어진 '낭비 방지법'이 있어요. 옷가게나 브랜드가 팔리지 않은 옷을 그냥 버리는 것을 법으로 금지하고, 기부하거나 재활용해야 해요.

이는 계속 새로운 옷을 싸게, 빠르게 만드는 산업 방식인 '패스트 패션'이 지구에 미치는 피해를 줄이기 위한 노력이에요.

요즘 옷은 아주 저렴하게 팔리고, 유행이 지나면 금방 버려지죠. 이런 패스트 패션은 많은 물, 에너지, 석유 자원을 소비해요. 예를 들어, 티셔츠 한 장을 만드는 데만도 2,700리터의 물이 필요하답니다! 게다가 버려진 옷은 대부분 소각되거나 매립되는데, 이 과정에서 온실가스도 발생해요. 그래서 프랑스는 법을 통해 패션 산업이 더 지속 가능하도록 바꾸고 있어요.

티셔츠 한 장 = 물 2,700L

네덜란드: 도시 전체가 순환경제 실험실

암스테르담은 도시 전체가 '순환 경제(Circular Economy)'를 실천하고 있어요.

건물은 재활용 가능한 자재로 짓고, 음식물 쓰레기를 바이오가스로 만들거나 퇴비화해서 농업에 다시 사용해요.

중고 자전거 공유 시스템, 리페어 카페(Repair Café) 등을 통해 고장 난 물건을 고치거나 이웃과 물건을 나누는 문화도 활성화돼 있어요.

한국: 자원 순환 마을과 함께하는 변화

한국 곳곳에서도 '자원 순환 마을'을 운영하며 지역 주민들이 함께 자원 절약에 참여하고 있어요.

고장 난 전자 제품을 고치는 수리 프로그램, 이웃끼리 물건을 빌려주는 공유소, 헌옷 바꿔 입기 행사 등 다양한 활동이 진행되고 있어요.

특히 학교나 도서관에서도 플라스틱 줄이기 캠페인, 물 아끼기 실천 일지, 자원 분리수거 퀴즈 같은 활동을 통해 자원에 대한 의식을 높이고 있답니다.

이처럼 전 세계는 지금, 자원의 흐름을 바꾸기 위한 실험과 노력을 이어 가고 있어요.

우리는 이 흐름을 잘 이해하고, 물건을 살 때 한 번 더 생각하고, 덜 버리고, 다시 쓰는 작은 실천으로 큰 변화를 만들어 낼 수 있어요. 우리가 사용하는 모든 것에는 '눈에 보이지 않는 여행'이 있다는 것을 기억하며, 더 지혜롭게 소비하고 행동해 볼까요?

확장 활동

자원 추적 일기를 써 봐요!

우리가 매일 사용하는 물건들은 그냥 '거기 있는 것'이 아니라, 많은 자원과 사람의 손길을 거쳐 우리에게 오는 거예요. 이 활동은 그 물건의 여정을 따라가며 자원의 흐름을 이해하고, 그 소중함을 느껴 보는 시간이에요.

준비물

내가 자주 사용하는 물건 1개(예 연필, 텀블러, 티셔츠, 스마트폰 등) 관찰 노트 또는 일기장, 펜 또는 색연필, 자료 조사용 기기(태블릿이나 컴퓨터, 또는 책)

❖ **활동 방법**

1. 집이나 학교에서 자주 사용하는 물건을 하나 고르세요.
2. 물건을 자세히 관찰한 뒤, 어디서 만들어졌는지 표시를 찾아보고, 어떤 재료로 만들어졌는지 생각해 봐요.
3. 인터넷이나 책을 활용해 그 물건이 어떤 자원을 사용하고, 어떤 과정을 거쳐 만들어졌는지를 조사해 봐요.
4. '광산 → 공장 → 운송 → 마트 → 나'로 이어지는 흐름을 그림이나 글로 정리해서 자원 일기를 써 봐요.
5. 마지막으로 그 물건을 오래 쓰거나 재사용할 수 있는 방법, 또는 자원을 절약하는 다른 방법을 함께 적어요.

❖ **탐색 질문**

- 여러 친구와 함께 각자의 자원 일기를 전시해 '자원의 여행 전시회'를 열어 보세요.
- 일기 속 자원 중 하나를 골라 '이 자원이 고갈된다면 어떤 문제가 생길까?'에 대한 토론을 해 보세요.
- 같은 물건을 재활용하거나 업사이클할 수 있는 방법을 설계해 보는 활동으로 확장해도 좋아요.

3장
플라스틱 없이 살아 보기 도전!

환경보호와 일상 속 실천

중심 개념
환경보호
(Environmental Protection)

관련 개념
소비 습관
(Consumption Habit)
생활 실천
(Lifestyle Choice)

사고 개념
책임(Responsibility)
원인(Causation)

연계 교과

- 도덕: 환경을 지키기 위해 책임 있는 태도 기르기
- 실과: 쓰레기를 줄이고 자원을 절약하는 생활 실천하기
- 국어: 실천한 경험을 글과 말로 표현하며 친구들과 나누기

탐구 질문

❖ 내가 매일 쓰는 플라스틱은 무엇이 있을까요?

❖ 플라스틱 없이도 생활할 수 있을까요?

❖ 작은 실천이 환경에 어떤 변화를 가져올 수 있을까요?

교과서 속

연결 이야기

플라스틱은 잠깐 쓰고 버리는 물건이 아니라, 지구의 환경과 우리의 생활에 오랫동안 영향을 주는 특별한 재료예요. 이 장의 내용은 도덕, 실과, 국어 교과의 배움과 깊이 연결되어 있어요.

도덕 시간에는 환경을 지키기 위해 우리가 어떤 태도를 보여야 하는지를 배우며, 작은 선택 하나가 미래 세대의 삶에도 이어진다는 점을 생각해 보게 돼요. 책임 있는 마음을 가지고 생활 속에서 환경보호를 실천하는 자세를 기르지요.

실과 시간에는 쓰레기를 줄이고 자원을 절약하는 구체적인 방법을 탐구해요. 장바구니를 직접 만들어 보거나, 우유 팩으로 생활용품을 만드는 활동을 통해 친환경 습관을 생활 속에서 실천해 보며, 지식이 삶으로 연결되는 경험을 쌓게 돼요.

국어 시간에는 내가 실천한 경험을 글이나 말로 표현하면서 친구들과 나누고 공감하는 과정을 배워요. 일기나 발표를 통해 나의 작은 노력이 공동체 속에서 어떻게 확산될 수 있는지를 깨닫게 되지요.

이처럼 여러 교과에서의 학습은 결국 하나로 이어집니다. 우리가 쓰는 플라스틱 하나가 지구와 연결되어 있음을 알게 되고, 환경을 소중히 여기며 책임 있게 행동해야 한다는 마음을 함께 배우게 돼요.

유나의 작은 실천

'이걸 그냥 버려도 괜찮을까?'

유나는 하굣길에 들른 편의점에서 음료를 다 마신 뒤, 플라스틱 병을 아무 생각 없이 쓰레기통에 던지려다가 손을 멈췄어요. 한참 동안 멍하니 쓰레기통을 바라보던 유나는, 며칠 전 수업 시간에 봤던 그 사진을 떠올렸어요. 바닷속에 둥둥 떠다니는 투명한 비닐 조각들과, 거기에 걸려 헤엄치지 못하는 바다거북의 모습.

선생님이 들려준 말도 생생하게 기억났어요.

"이 플라스틱 조각 하나가, 수백 년 동안 자연에서 사라지지 않고 동물들에게 위험한 물건이 될 수 있어요."

그날 이후로 유나는 마음 한편이 계속 불편했어요. 그냥 일회용 컵 하나를 버리는 일이지만, 그것이 어디로 흘러가고, 무엇에 영향을 미치는지를 알게 된 순간부터는 더는 '아무렇지 않게' 버릴 수 없었어요.

집에 돌아온 유나는 조용히 다이어리를 펼쳐 이렇게 적었어요.

작은 결심
플라스틱 없이 살아 보기
〈7일 도전!〉

이유:
바다거북이 더는 플라스틱을 먹지 않았으면 좋겠어서.

변화는 작은 선택에서

첫날부터 쉽지 않았어요. 아침에 책가방 속에 넣은 물병부터 플라스틱이었거든요. 유나는 조심스럽게 말을 꺼냈어요.

"엄마, 혹시 물병을 스테인리스로 된 걸로 바꿀 수 있을까요? 이번 주에 플라스틱 안 쓰기 도전 중이에요."

엄마는 조금 놀랐지만, 이내 웃으며 말씀하셨어요.

"그래? 좋은 생각인데! 그럼 예전에 사 두고 안 쓰던 물병을 꺼내 볼까?"

학교에선 친구들이 유나의 물병을 보며 물었어요.

"유나야, 물병 바꿨네?"

"응, 플라스틱 사용을 줄이려고. 그리고 이 물병이 물도 더 따뜻하게 유지돼!"

처음엔 새로운 스테인리스 물병이 무겁기도 하고 불편했지만, 점점 익숙해졌어요.

가장 어려운 건 매일 가던 편의점을 참는 일이었어요. 특히 방과 후에 먹던 젤리와 과자들. 거의 모든 간식이 플라스틱 포장에 싸여 있었기 때문이죠.

그래서 유나는 전날 밤 직접 바나나 빵을 구워서 싸 가거나, 엄마가 싸 주신 견과류와 과일을 간식으로 먹었어요. 친구들이 처음엔 "간식이 왜 이렇게 건강식이야?" 하고 놀렸지만, 며칠 뒤엔 "한 입만!" 하며 나눠 먹기 시작했어요.

매일매일의 관찰 일기

유나는 자기 전, 하루 동안 했던 실천을 다이어리에 기록했어요.

> Day 1
> 물병 바꾸기 성공! 과자는 못 먹었지만, 오히려 배가 안 고팠다. 나도 모르게 쓰레기를 줄이고 있다는 사실이 기분 좋다.

> Day 3
> 친구가 편의점에서 사 온 음료수를 나눠 주려고 해서 잠깐 흔들렸지만, "난 이번 주 플라스틱 안 쓰기 도전 중이야."라고 말했더니, "와, 대단하다!"라며 이해해 줬다. 나도 친구에게 종이 빨대 선물할까?

> Day 5
> 오늘은 엄마랑 장 보러 갔는데, 비닐봉지 대신 장바구니 두 개 챙겨서 갔다. 엄마도 "이게 훨씬 보기 좋고 튼튼하다."라며 만족해하셨다. 변화는 가족부터 시작되는 것 같다.

작지만 확실한 변화

일주일이 끝난 날, 유나는 욕실 거울을 보며 혼잣말을 했어요.

"한 주 동안 내가 만든 쓰레기양이 진짜 줄었어. 플라스틱도 거의 안 썼고… 신기하다."

그날 밤 유나는 마지막 일기를 썼어요.

> Day 7 - 마무리 일기
> 드디어 플라스틱 없는 일주일 끝! 처음엔 불편했지만, 오히려 더 많이 생각하게 됐다. 왜 쓰는지, 안 쓰면 어떻게 될지.
> 내가 바꾼 건 컵 하나, 봉지 하나일지 모르지만… 이건 분명히 '시작'이야.

다음 날, 유나는 학교에서 친구들에게 자신의 도전을 발표했어요. 반 아이들은 신기하다는 듯 들었고, 몇몇은 따라 해 보겠다고 했어요. 선생님은 칠판에 이런 글을 써 주셨어요.

"지구를 지키는 첫걸음은, '멈추고 생각하는 것'에서 시작된다."

그 말을 본 유나는 조용히 고개를 끄덕였어요.

개념 이해

플라스틱, 어떻게 만들어졌고 왜 문제가 될까요?

플라스틱은 원래 사람들의 불편함을 해결하기 위해 만들어졌어요. 1800년대 후반, 당구공에 쓰이는 코끼리 상아가 부족해지자, 한 미국 발명가가 자연 재료를 대신할 인공 물질을 만들기로 했어요. 그것이 바로 초기 플라스틱의 시작이었죠.

그리고 1907년, 베이클랜드라는 과학자가 '베이클라이트(Bakelite)'라는 완전히 합성된 첫 번째 플라스틱을 발명했어요. 이 물질은 가볍고, 열에 강하고, 전기 절연 기능도 있어서 정말 유용했답니다. 그 후 사람들은 플라스틱을 점점 더 다양하게 만들고, 여러 분야에 사용하기 시작했어요.

플라스틱은 너무나 완벽한 재료처럼 보였어요. 가볍고, 튼튼하고, 물에도 젖지 않고, 값도 싸고, 원하는 모양으로 만들 수도 있었죠. 그래서 포장지, 빨대, 컵, 칫솔, 컴퓨터, 자동차, 휴대전화, 심지어 옷과 화장품 속에도 플라스틱이 들어가게 되었어요.

플라스틱은 사람들의 생활을 편리하게 만들었고, 병원과 같은 곳에서는 감염을 막는 데도 큰 도움을 줬어요. 예를 들어, 수술할 때 사용하는 장갑, 주사기, 수액 병, 마스크 같은 것들은 모두 한 번 쓰고 버리는 일회용 플라스틱이에요. 만약 이런 도구들을 여러 번 사용한다면 세균이 남아서 감염 위험이 생길 수 있어요. 하지만 플라스틱 덕분에 깨끗하게 포장된 위생적인 의료 도구를 한 번만 쓰고 안전하게 버릴 수 있게 되었죠. 그래서 플라스틱은 많은 생명을 구하는 데도 큰 역할을 했어요.

하지만 바로 이 '썩지 않는 성질'이 시간이 지나면서 큰 문제가 되었어요. 플라스틱은 자연에서 썩는 데 수백 년이 걸려요. 예전에는 플라스틱을 조금만 만들었지만, 지금은 매년 어마어마한 양의 플라스틱이 만들어지고 있어요. 1950년에는 약 150만 톤이었는데, 2019년에는 약 4억 6,000만 톤이나 되었어요. 그 많은 플라스틱 중에서 절반 이상이 2000년 이후에 만들어진 것이라고 해요.

이건 마치 우리가 사는 세상이 플라스틱으로 가득 차고 있다는 뜻이에요. 우리가 오늘 마신 음료의 뚜껑, 과자를 싸고 있던 포장지, 배달 음식을 담은 용기, 이 모든 것이 쓰레기통에 들어간 뒤에도 오랫동안 지구 어딘가에 그대로 남아 있어요.

플라스틱을 다 쓰고 나면 재활용을 해야 하잖아요. 그런데 놀랍게도 지금까지 만들어진 플라스틱 중에서 재활용된 건 단 9%밖에 안 돼요! 나머지는

- 매립지로 보내져 땅속에 묻히거나(50%)
- 소각되어 공기를 오염시키거나(19%)
- 버려져서 바람이나 비를 타고 바다나 숲에 떠돌아다녀요(22%)

문제는 또 있어요. 플라스틱이 바다로 흘러 들어가면, 바다 동물들에게 심각한 피해를 주어요.

예를 들어, 거북이는 비닐봉지를 해파리로 착각해 먹고, 새들은 플라스틱 조각을 먹이인 줄 알고 삼켜요. 게다가, 플라스틱이 바닷물 속에서 잘게 부서지면 '미세플라스틱'이라는 아주 작은 조각이 되는

데, 이걸 물고기가 먹고, 그 물고기를 사람이 먹으면 결국 우리 몸에도 들어올 수 있어요.

이런 문제를 해결하기 위해 세계 여러 나라에서는 다양한 노력을 하고 있어요.

- 캐나다는 일회용 플라스틱 컵, 포크, 빨대의 판매를 금지했어요.
- 덴마크에서는 플라스틱 병을 다시 가게에 가져가면 보증금을 돌려주는 제도를 운용해요.
- 한국에서는 점점 더 많은 카페에서 일회용 컵 대신 다회용 컵을 사용하도록 하고 있어요.

플라스틱은 여전히 우리의 생활에 꼭 필요한 재료일 수 있어요. 하지만 무분별한 사용과 버리기는 지구를 아프게 만들어요.

그래서 우리는 다음과 같은 세 가지 실천이 필요해요.

1. 줄이기(Reduce)

꼭 필요하지 않으면 사용하지 않기

2. 다시 쓰기(Reuse)

한 번 쓰고 버리지 말고 여러 번 사용하기

3. 바르게 버리기(Recycle)

분리수거를 제대로 해서 재활용되도록 하기

개념 확장

내가 만든 변화,
지구가 느낄 수 있을까요?

바다로 흘러가는 플라스틱, 그 규모는?

2019년 한 해에만 약 800만 톤의 플라스틱 쓰레기가 강과 바다로 들어갔다고 해요. 그중 약 170만 톤은 바다로 직접 흘러갔어요.

바다에 들어간 플라스틱은 작은 조각들로 부서져 '미세플라스틱'이 되는데요, 이 미세플라스틱은 바닷속 물고기와 고래, 새, 거북이 먹이인 줄 알고 먹게 돼요.

전 세계 바다에는 지금 약 171조 개나 되는 미세플라스틱 조각이 떠다니고 있고, 이 플라스틱 쓰레기의 전체 무게는 약 7500만 톤에서 2억 6800만 톤에 이를 수 있다고 과학자들은 추정해요. 이 양은 축구장 수천 개를 완전히 뒤덮을 수 있을 만큼 어마어마해요. 과학자들은 이런 상태가 계속되면 2040년에는 지금보다 3배나 많은 미세플라스틱이 바다로 들어갈 수 있다고 경고하고 있어요.

우리나라 바닷물에서도 특히 오염이 심한 곳에서는 1리터에 7.9개까지 미세플라스틱이 발견되었어요. 이 정도면 바다에 사는 생물들이 위험해질 수 있어요.

더 심각한 점은, 이 중 대부분이 한 번 쓰고 버려지는 일회용품이라는 사실이에요. 포장지, 빨대, 비닐봉지, 페트병, 일회용 포크와 스푼, 커피 컵… 이 모든 것들이 바람에 날려, 강을 따라, 바다로 흘러 들어가 해양 생태계를 파괴하고 있다는 거죠.

나의 작은 실천, 얼마나 도움이 될까요?

그런데 놀랍게도, 한 사람의 작은 실천이 이런 문제를 줄이는 데 정말 큰 힘이 된다는 것을 알고 있었나요?

- 커피를 매일 마시는 사람이 텀블러를 쓰면, 연 365개의 일회용 컵이 줄어들어요.
- 플라스틱 빨대 대신 스테인리스 빨대를 쓰면, 연 300개 이상의 빨대를 아낄 수 있어요.
- 장을 볼 때 장바구니를 쓰면, 매달 수십 개, 연 수백 개의 비닐봉지 사용을 줄일 수 있지요.

이러한 작은 행동들이 쌓이면, 쓰레기양 자체를 확연히 줄이고, 더 나아가 기업이나 사회 전체의 변화도 이끌 수 있어요.

세계 각국의 플라스틱 줄이기 정책

이제는 많은 나라가 플라스틱 문제 해결을 위한 정책을 활발하게 펼치고 있어요.

유럽연합(EU)

EU는 2021년부터 일부 일회용 플라스틱 제품 사용을 금지했어요. 빨대, 컵 뚜껑, 포크, 접시 등은 제조와 수입 자체가 불가능해졌지요. 또 Extended Producer Responsibility(EPR), 즉 생산자 책임 제도를 통해 기업이 자사의 포장 쓰레기를 수거하고 재활용하는 데까지 책임지도록 하고 있어요.

독일

독일은 플라스틱 보증금 제도(Pfand)가 잘 갖춰져 있어요. 페트병이나 캔을 마트에 반납하면 소액의 보증금을 돌려받을 수 있어서, 재활용률이 무려 98%에 달한다고 해요.

프랑스

공공 기관과 학교 급식에서는 일회용 플라스틱 사용이 금지되었고, 2040년까지 모든 포장재를 100% 재활용 가능하도록 만들겠다는 목표를 세웠어요. 플라스틱을 대체할 친환경 재료 개발도 활발히 이루어지고 있어요.

한국

2022년부터 카페 내 일회용 컵 사용이 금지되었고, 일부 지역에서는 다회용 컵 보증금제가 도입되고 있어요. 또한, '플라스틱 제로 가게' 캠페인과 함께 재사용 용기 배달 시스템도 실험 중이에요.

기업들의 변화: 재활용 섬유와 지속 가능한 패션

정부뿐 아니라 기업도 플라스틱 문제 해결에 나서고 있어요. 특히 패션 산업에서는 놀라운 변화들이 일어나고 있어요.

- 아디다스(Adidas)는 해양 플라스틱을 모아 만든 실로 운동화를 제작하고 있어요.
- 파타고니아(Patagonia)는 오래된 페트병과 폐기된 어망에서 섬유를 뽑아 옷과 가방을 재제작하고 있어요.
- 유니클로(UNIQLO), 에이치앤엠(H&M), 자라(ZARA) 같은 브랜드들도 재활용 섬유 제품 라인을 늘리고, 사용 후 의류를 수거해 다시 생산에 활용하는 순환형 생산 시스템을 점차 확대하고 있죠.
- 한국의 브랜드 플리츠마마(PLEATS MAMA)는 페트병에서 뽑은 실로 예쁜 가방을 만들어 전 세계적으로 주목받고 있어요.

이런 노력은 단지 플라스틱을 '줄이는 것'에 그치지 않고, 플라스틱을 다시 쓸 수 있는 새로운 길을 여는 과정이에요. 우리가 입는 옷, 신는 신발, 쓰는 가방 속에 플라스틱의 '두 번째 생명'이 담기게 된 거죠.

나의 행동이 세상을 바꾼다

우리가 선택한 텀블러 하나, 장바구니 하나가 정부의 정책과 기업의 전략, 지구의 건강에까지 연결되어 있다는 사실, 이제 느껴지시나요? 가장 중요한 건, 나 혼자서는 작아 보이지만 우리 모두가 함께하면 '지속 가능한 지구'는 결코 먼 미래가 아니라는 것이에요.

우리의 오늘이 지구의 내일을 바꾸는 첫걸음이 된답니다.

"지금부터 시작해 볼까요?"

확장 활동

플라스틱 없는 하루 실천 계획 세우기

우리는 하루 동안 얼마나 많은 플라스틱을 사용할까요? 이 활동에서는 내 생활을 직접 돌아보며 플라스틱을 줄이는 방법을 찾아보고, 실천 계획을 세워 보는 경험을 하게 돼요. 나의 작은 실천이 지구에 어떤 긍정적인 영향을 줄 수 있는지도 함께 생각해 보아요.

준비물

활동 기록지 또는 노트, 펜, 실천 스티커 또는 색연필

❖ **활동 방법**

1. 하루 돌아보기

아침부터 저녁까지 내가 사용하는 물건 중 플라스틱이 포함된

것을 기록해 보세요.

(예 생수병, 빨대, 비닐봉지, 포장지 등)

2. 실천 계획 세우기

내가 바꿀 수 있는 행동을 골라 실천 계획표를 만들어요.

(예 비닐 대신 장바구니 사용, 일회용 컵 대신 텀블러 사용 등)

3. 기록하고 꾸미기

실천한 날에는 계획표에 스티커를 붙이거나 색칠하면서 나의 실천을 칭찬해 줘요. 일주일 동안 꾸준히 실천해 보며 달라지는 내 모습을 관찰해 봐요.

4. 소감 나누기

일주일 후, 내가 한 실천이 환경에 어떤 영향을 줄 수 있었는지 생각해 보고, 친구들과 소감과 결과를 나눠 보세요.

❖ 응용 활동

- 실천한 내용을 모아 '플라스틱 없이 살아 보기 일주일' 소감문이나 그림일기를 써 보세요.
- 우리 반 친구들의 실천 계획을 모아 '지구를 위한 우리들의 다짐'을 적어서 꾸민 뒤 교실에 전시해 보세요.

4장 갈등이 생기면 어떻게 해결할까요?

갈등 해결과 평화로운 의사소통

중심 개념
갈등 해결
(Conflict Resolution)

관련 개념
의사소통(Communication)
감정(Emotion)
중재(Medication)

사고 개념
책임(Responsibility)
관점(Perspective)

연계 교과

- 도덕: 배려와 공감의 의미를 배우며 감정을 바르게 표현하기
- 사회: 공동체 안의 갈등을 민주적인 절차와 협력으로 해결하기
- 국어: 생각과 감정을 효과적으로 표현하며 대화와 발표로 나누기

탐구 질문

❖ 갈등은 왜 생길까요?

❖ 갈등을 평화롭게 해결하려면 무엇이 필요할까요?

❖ 서로 다른 입장을 어떻게 존중할 수 있을까요?

교과서 속 연결 이야기

갈등은 친구나 가족 사이에서 피할 수 없이 생기는 일이지만, 그것을 어떻게 해결하느냐에 따라 서로를 더 깊이 이해하고 가까워질 기회가 되기도 해요. 이 장의 내용은 도덕, 사회, 국어 교과의 배움과 깊이 연결되어 있어요.

도덕 시간에는 배려와 공감의 의미를 배우며, 일상에서 다른 사람의 마음을 이해하고 존중하는 태도를 기릅니다. "너 때문이야"가 아니라 "나는 이래서 속상했어"처럼 감정을 바르게 표현하는 방법을 배우면서, 상대방을 비난하기보다 서로의 마음을 나누는 대화 습관을 익히지요.

사회 시간에는 공동체 안에서 갈등이 어떻게 생기고, 그것을 해결하기 위해 어떤 민주적인 절차와 협력이 필요한지를 탐구합니다. 다양한 의견을 토론으로 조율하거나 다수결과 중재 과정을 경험하면서, 공동체의 질서를 지키고 타인의 권리를 존중하는 태도를 배우게 돼요.

국어 시간에는 내 생각과 감정을 효과적으로 표현하고, 상대방의 처지를 이해하며 예의를 지키는 대화를 연습합니다. 또 자신의 경험을 글이나 발표로 나누면서, 서로의 생각을 교환하고 함께 해결책을 찾아가는 힘을 기르게 돼요.

이처럼 여러 교과에서의 학습은 결국 하나로 이어집니다. 갈등은 단순히 피해야 할 대상이 아니라, 올바른 태도와 소통을 통해 서로를 이해하고 더 평화로운 관계를 만들어 갈 수 있는 기회이지요.

지훈이와 하늘이의 말다툼

"그건 내 자리야!"

아침 자습 시간, 지훈이의 목소리가 교실에 울렸어요. 얼굴이 붉게 달아오른 지훈이는 가방을 책상 위에 힘껏 내려놓았죠. 하늘이는 눈을 동그랗게 뜨고 말했어요.

"왜 그래? 어제는 네가 일찍 와서 이 자리에 앉은 거지만, 오늘은 내가 먼저 왔으니까 내 자리야!"

둘은 평소 늘 붙어 다니며 장난도 많이 치고, 급식도 같이 먹는 가장 친한 친구였어요. 그런데 사소한 자리 문제로 얼굴을 붉히고 말았어요. 서로 눈을 마주치지도 않고, 말투는 점점 딱딱해졌어요.

"내가 원래 앉던 자리잖아! 넌 그거 뻔히 알면서 일부러 앉은 거잖아!"

"아니거든! 그냥 먼저 온 사람이 앉는 거지, 네가 뭐 자리 찜해 놓은 것도 아니고!"

말다툼은 점점 커졌고, 아이들 몇 명이 조용히 뒤를 돌아보기 시작했어요. 그때 선생님이 조용히 다가오셨어요.

"지훈아, 하늘아, 지금 둘 사이에 무슨 일이 있었는지 차근차근 이야기해 볼래?"

두 사람은 서로 눈치를 보며 아무 말도 하지 않았어요. 혹시 더 싸우게 될까 봐, 또 친구들 앞에서 창피할까 봐 망설였죠. 선생님은 아이들 눈높이에 맞게 차분한 목소리로 말씀하셨어요.

"괜찮아. 선생님은 누가 잘못했는지를 찾고 싶은 게 아니야. 그냥 너희 마음이 지금 어떤지, 그걸 알아보고 싶을 뿐이야."

선생님은 두 장의 색종이와 색연필을 꺼내셨어요.

"자, 이 종이에 지금 어떤 기분인지, 그리고 왜 그런 기분이 드는지 적어 보자. 또, 상대방이 어떻게 해 주면 좋을지도 한 줄씩 써 보는 거야. 생각이 잘 안 떠오르면 그림으로 그려도 괜찮아."

처음엔 둘 다 망설였지만, 선생님의 말투가 너무 따뜻해서 조금씩 써 내려가기 시작했어요.

지훈이는 "속상함, 자리 뺏긴 느낌, 무시당한 것 같음"이라고 썼어요.

하늘이는 "억울함, 이해 못 해 주는 느낌, 나도 그냥 앉았을 뿐인데…"라고 적었죠.

그리고 선생님의 안내에 따라 서로의 종이를 바꿔 읽어 보았어요. 종이를 읽는 순간, 두 아이는 한참 동안 말이 없었어요. 지훈이는 하늘이 글을 다 읽고 나서 조용히 입을 열었어요.

"나도 화가 났었어. 그런데… 네 마음도 이해가 돼. 그냥 앉았을 뿐인데, 내가 괜히 의심했나 봐."

하늘이도 고개를 끄덕이며 말했어요.

"나도 너 기분 상하게 한 줄은 몰랐어. 다음부터는… 우리 자리 바꾸게 될 땐 같이 얘기해서 정하자. 그래야 서로 마음 상할 일도 없을 거야."

선생님은 조용히 웃으셨어요.

"그래, 바로 그거야. 말로 마음을 나누면, 오해는 풀 수 있어. 이렇게 한 걸음씩 서로의 마음을 이해해 가는 게 평화를 만드는 연습이란다."

그날 이후, 지훈이와 하늘이는 예전처럼 다시 함께 웃고 떠들게 되었어요. 그리고 무언가 서운하거나 마음에 걸리는 일이 생기면, 예전처럼 화부터 내는 대신, 서로의 이야기를 들어 보고 말로 푸는 연습을 자주 하게 되었답니다.

갈등은 왜 생기고, 어떻게 해결할까요?

사람은 누구나 생각이 다르고, 마음속에 느끼는 것도 달라요. 그래서 서로의 생각이 다를 때, 하고 싶은 말이나 원하는 것이 부딪힐 때, 갈등이 생길 수 있어요. 친구끼리 싸우거나, 형제자매와 다투는 것도 그런 갈등의 한 가지예요.

그런데 갈등이 생기는 건 나쁜 일이 아니에요. 중요한 건, 그 갈등을 어떻게 해결하느냐예요.

화를 내거나 무시하기보다는, 상대방의 이야기를 잘 듣고, 내 감정을 말로 차분히 표현해 보는 것이 좋아요.

예를 들어, "너 때문에 화났어!" 대신 "나는 네 말에 속상했어."라고 말하면, 상대방도 내 감정을 더 잘 이해할 수 있어요.

또한, 혼자 해결하기 어려울 때는 친구나 선생님, 어른에게 도움을 요청해 보세요. 조용한 공간에서 마음을 가라앉히는 시간도 도움이 될 수 있어요.

갈등을 바라보는 더 깊은 생각 – 요한 갈퉁의 이야기

오랫동안 갈등과 평화를 연구한 요한 갈퉁 박사라는 분이 있어요. 그는 '평화는 단지 싸우지 않는 상태가 아니라, 모두가 공평하고 존중받는 상태'라고 말했어요.

갈등은 이렇게 생겨요(ABC 모델)

갈퉁 박사는 갈등이 세 가지에서 생긴다고 했어요. 이름도 기억하기 쉬워요! A, B, C!

A(Attitude, 태도)

내가 상대방을 어떻게 생각하고 느끼는지예요.

(예 "쟤는 나한테 항상 뭐라고 해!")

B(Behavior, 행동)

갈등이 나타나는 행동이에요.

(예 소리를 지르거나, 말을 안 하거나, 서로 무시하기)

C(Contradiction, 반대 주장)

원하는 것이 서로 다를 때 생겨요.

(예 같은 자리에 앉고 싶은 두 사람)

이 세 가지는 서로 연결되어 있어요. 내 생각이 나쁜 감정으로 이어지고, 결국 행동으로 나타나기도 하죠.

갈퉁 박사가 설명한 폭력의 세 가지 모습

우리는 폭력이라고 하면 보통 싸우는 모습이나 물리적인 해를 끼치는 일을 떠올려요. 하지만 갈퉁 박사는 폭력이 눈에 보이는 것만 있는 것이 아니라고 했어요. 숨겨진 폭력도 있다는 거예요.

1. 직접적인 폭력(눈에 보이는 폭력)

- 누군가를 때리거나 밀치는 것처럼, 몸으로 해를 입히는 행동이에요.
- 이것은 우리가 가장 쉽게 알아볼 수 있는 폭력이에요.

2. 구조적인 폭력(보이지 않는 차별)

- 가난 때문에 병원에 가지 못하거나, 교육 기회를 얻지 못하는 것처럼, 제도나 사회구조가 공정하지 않아서 생기는 문제예요.
- 사람들이 일부러 차별하려는 의도가 없더라도, 이런 구조로 인해 특정 집단이 계속 불리한 처지에 놓이게 되는 거예요.

> **3. 문화적인 폭력(당연하다고 여기는 차별)**
>
> - "여자는 이걸 못 해.", "그 나라 사람들은 원래 게을러." 같은 말을 들은 적 있나요?
> - 이런 말이나 생각, 전통, 이야기들이 차별을 정당화하는 경우가 있어요. 이런 걸 문화적인 폭력이라고 불러요.

이렇게 다양한 폭력들이 숨겨져 있어서, 평화를 위해서는 단순히 싸움을 멈추는 것(소극적 평화)만으로는 부족해요.

진짜 평화는 어떤 것일까요?

갈통 박사는 진짜 평화, 즉 적극적인 평화(Positive Peace)를 위해서는 이런 폭력들을 없애고, 모두가 존중받고 공평하게 살아갈 수 있도록 바꾸는 노력이 필요하다고 말했어요.

- 싸움을 멈추는 것(소극적 평화)은 시작일 뿐!
- 진짜 중요한 건 그 뒤에 있는 문제들, 즉 차별, 불공정함, 나쁜 습관을 바꾸는 거예요.
- 그래야 모두가 안전하고 행복한 공동체가 될 수 있어요.

우리도 할 수 있어요

누구나 지훈이와 하늘이처럼 갈등이 생길 수 있어요. 그럴 때 이렇게 해 보는건 어떨까요?

- 상대방의 입장도 들어 보기
- 감정을 차분히 말로 표현하기
- 혼자 어렵다면 어른의 도움을 받기
- 친구들과 함께 더 좋은 해결 방법을 찾기

이런 작은 연습이 바로 평화를 만드는 첫걸음이에요.

그리고 그것이 진짜로 더 좋은 세상을 만드는 방법이기도 해요.

평화를 만드는 사람들

세상 곳곳에서는 지금도 크고 작은 갈등이 일어나고 있어요. 하지만 이런 어려움 속에서도 평화를 만들고 지키려는 사람들이 있답니다. 이들은 전쟁을 막고, 다툼을 줄이며, 사람들이 안전하게 살아갈 수 있도록 돕는 평화의 징검다리가 되어 줘요. 지금부터 그런 사람들의 이야기를 들어 볼까요?

전쟁을 멈추게 돕는 사람들 – UN 평화유지군

UN 평화유지군은 전쟁이나 분쟁이 있는 나라에 파견되어 갈등을 멈추게 돕고, 사람들의 삶이 회복되도록 돕는 역할을 해요. 파란 헬멧을 쓴 이들은 총을 쏘기 위해서가 아니라, 다툼을 멈추고 평화를 지키기 위해 일하는 군인, 경찰, 민간 전문가들이에요.

예를 들어, 레바논이나 남수단 같은 나라에서는 싸움으로 무너진 마을에 UN 평화유지군이 도착하면, 학교가 다시 열리고, 전기가 들어오고, 사람들이 안전하게 거리를 다닐 수 있게 돼요. 그들은 싸움을 말리는 것뿐 아니라, 서로 대화할 수 있도록 중간에서 다리를 놓는 역할을 해요.

마음을 나누는 평화의 손길 – 미국 Peace Corps

Peace Corps(평화봉사단)는 미국에서 시작된 봉사 단체로, 총 대신 책과 지식, 따뜻한 마음을 들고 세계 여러 나라로 가는 사람들이에요. 이들은 아이들에게 공부를 가르치고, 마을에 필요한 기술을 알려 주며, 깨끗한 물을 마실 수 있게 도와주는 등 다양한 평화 활동을 해요.

놀라운 사실은, 한국전쟁이 끝난 뒤인 1960년대, 많은 Peace Corps 자원봉사자들이 우리나라에도 와서 도와주었다는 것이에요.

그들은 시골 학교에서 영어를 가르치고, 병원에서 사람들을 치료하고, 마을 사람들이 함께 일할 수 있도록 기술을 가르쳐 주었어요.

당시 우리나라는 전쟁으로 매우 어려운 상황이었는데, Peace Corps 봉사자들의 도움은 큰 힘이 되었어요. 이들은 한국 사람들과 함께 웃고, 먹고, 일하며 진심으로 친구가 되었고, 평화를 나누는 소중한 다리가 되어 주었어요.

한국의 평화 만들기 – KOICA와 평화 파병

우리나라에도 Peace Corps처럼 다른 나라를 돕는 활동을 하는 단체가 있어요. 바로 KOICA(한국국제협력단)예요. KOICA는 교육, 보건, 농업, 환경 등 다양한 분야의 전문가들을 아시아, 아프리카, 중남미 등의 여러 나라에 보내서 현지 주민들과 함께 문제를 해결해요.

예를 들어, 어떤 KOICA 봉사자는 캄보디아에서 아이들에게 수학을 가르치고, 또 어떤 봉사자는 마을에 우물을 파서 깨끗한 물을 마실 수 있게 만들었어요. KOICA는 한국이 받은 도움을 다른 나라에 돌려주는 방식으로 평화를 실천하고 있어요.

그리고 한국 군대도 UN 평화 유지 활동에 참여하고 있어요. 레바

논의 동명부대, 남수단의 한빛부대처럼, 한국의 군인들은 싸우는 대신 학교를 세우고, 병원을 운영하고, 다리를 놓으며 지역 주민들을 도와요. 그들은 전쟁을 막는 군대, 평화를 만드는 군대예요.

우리도 작은 평화 활동가

평화를 만드는 것은 어른이나 특별한 사람들만 할 수 있는 일이 아니에요. 우리도 일상 속에서 평화를 실천할 수 있어요.

- 학교에서 운영하는 또래 상담반이나 갈등 조정 도우미 활동에 참여해 보기
- 청소년 국제 교류 프로그램이나 다문화 이해 캠프 등에 신청해서 다른 문화를 경험해 보기
- 지역 아동 센터나 도서관 봉사 활동을 통해 어려운 친구들을 돕는 시간 가져 보기
- 온라인으로 유엔 청소년 포럼이나 KOICA의 청소년 봉사 프로그램 같은 활동에 관심을 가져 보기

이처럼 작은 말과 행동 하나가 누군가의 마음을 바꾸고, 갈등을 줄이며 평화의 시작이 될 수 있어요. 우리가 서로를 이해하고 돕는다면, 학교도, 가정도, 마을도 평화로운 곳이 될 수 있어요.

확장 활동

문제 해결 카드 만들기

가족 안에서 일어나는 크고 작은 갈등을 되돌아보며, 그때 어떤 감정을 느꼈고 어떻게 해결했는지 글과 그림으로 표현해 보는 활동이에요. 부모님, 형제자매와 함께 이야기를 나누면서 서로의 생각과 감정을 더 잘 이해할 수 있게 돼요. 우리 가족만의 평화 카드 모음집을 만들어 보는 것도 좋은 추억이 된답니다.

준비물

카드용 종이(포스트잇, 색종이 등 작은 종이), 색연필, 펜, 스티커 등 꾸미기 도구, 고무줄, 클립, 끈(카드를 엮는 용도)

❖ **활동 방법**

1. 가족 안에서 있었던 갈등 상황이나 서운했던 일, 마음이 상했던 순간을 떠올려 보세요.

   (예) 동생이 내 물건을 허락 없이 사용했을 때, 부모님과의 약속 갈등 등)

2. 그 상황을 카드 앞면에 그림으로 표현하고, 뒷면에는 감정과 해결 방법을 간단한 글로 적어 보세요.

3. 여러 장의 카드를 만들어 '우리 가족 평화 카드' 모음집으로 엮고, 함께 모여 읽으며 서로의 마음을 나눠요.

4. 부모님과 함께 '우리 가족이 더 평화롭게 지낼 방법'을 이야기해 보며 활동을 마무리해요.

❖ **응용 활동**

일정 시간이 지난 후 다시 카드 모음집을 펼쳐 보고, "지금은 같은 상황에서 어떻게 달라졌을까?"를 이야기하며 돌아보면 좋아요.

5장
나만의 친환경 아이디어 발명하기

친환경 발명과 창의적 문제 해결

중심 개념
친환경 발명
(Environment-friendly Invention)

관련 개념
문제 해결(Problem-solving)
지속가능한 삶(Sustainable Life)
환경보호(Environmental Preservation)

사고 개념
책임(Responsibility)
기능(Function)

연계 교과

- 과학: 환경문제를 과학·기술·사회적 맥락에서 탐구하고, 자료를 분석해 해결 방안 제시하기
- 실과: 생활 속 문제를 해결할 수 있는 발명품 설계·제작하기
- 국어: 발명 아이디어를 글과 발표 자료로 정리하고 효과적으로 표현하기

탐구 질문

❖ 환경을 지키기 위해 어떤 도구나 아이디어를 만들 수 있을까요?

❖ 발명을 통해 세상을 더 좋게 만들 수 있을까요?

❖ 내 생각을 다른 사람에게 효과적으로 전달하려면 어떻게 해야 할까요?

교과서 속 연결 이야기

  친환경 발명은 단순히 새로운 물건을 만드는 것이 아니라, 환경을 지키고 더 나은 미래를 만들어 가는 중요한 시도예요. 이 단원은 과학, 실과, 국어 교과의 배움과 깊이 연결되어 있어요.

  과학 시간에는 환경문제를 과학·기술·사회적 맥락에서 살펴보며, 자료를 탐구하고 분석해 해결 방안을 제시하는 연습을 해요. 이를 통해 과학 지식을 책임 있게 활용하고, 더 나은 사회 발전에 기여할 수 있는 태도를 기르게 되지요.

실과 시간에는 구체적인 발명 과정을 배우고, 재료를 선택하며 도구를 활용해 직접 발명품을 만들면서 문제 해결 능력을 키웁니다. 생활 속 불편함을 해결하는 기술적 아이디어가 어떻게 지속 가능한 삶과 연결되는지도 경험하지요.

국어 시간에는 자신이 고안한 발명을 글이나 발표 자료로 정리하고, 친구들에게 효과적으로 설명하는 방법을 배워요. 발표와 토의를 통해 내 생각을 설득력 있게 전달하고, 다른 사람의 아이디어를 수용하며 함께 발전시킬 수 있는 소통의 힘을 기르게 됩니다.

이처럼 여러 교과의 배움은 서로 이어져 있어요. 과학은 문제를 이해하고 해결책을 탐구하는 힘을, 실과는 그것을 실제 발명으로 구현하는 기술을, 국어는 아이디어를 나누고 확산시키는 표현력을 길러 줍니다. 결국, 작은 상상이 지구를 지키는 큰 발명으로 이어질 수 있다는 것을 배우게 되지요.

하람이의 특별한 상상

하람이는 호기심이 아주 많아요. 고장 난 리모컨을 보면 '안에 뭐가 들었을까?' 하고 분해해 보고, 빈 캔이나 종이 상자를 보면 '이걸로 뭐 재미있는 걸 만들 수 있을까?' 하고 머릿속에서 발명 그림을 그리곤 했죠.

하람이의 책상 서랍에는 쓸모없어진 물건들이 잔뜩 들어 있어요. 다 쓴 색연필, 부러진 인형 팔, 구멍 난 양말까지…. 다른 사람들은 쓰레기라고 생각할지 몰라도, 하람이에게는 모두 새로운 발명의 씨앗이에요.

그러던 어느 날, 선생님께서 특별한 소식을 알려주셨어요.

"이번 주는 환경 주간이에요! 우리 학교에서는 '지구를 위한 나만의 발명품 만들기' 프로젝트를 할 거예요!"

순간 하람이의 눈이 반짝였어요.

'드디어 내가 상상했던 걸 보여 줄 기회야!'

하람이는 생각했어요.

'매일 버려지는 종이컵을 줄일 수는 없을까? 우산 없이도 젖지 않는 옷은 어떨까? 아니면 비닐봉지 대신 다시 쓸 수 있는 마법 가방은?'

머릿속이 바빠지기 시작했죠. 그날 밤 하람이는 작은 공책을 꺼내 들고, 아이디어를 마구 써 내려갔어요. 그러다 문득 햇빛을 전기로 바꾸는 태양광에 대한 수업이 떠올랐어요.

"그래, 햇빛을 모아서 휴대전화를 충전할 수 있는 태양 빛 가방을 만들면 어떨까?"

친구들과 야외활동을 하다가 배터리가 없어서 곤란했던 경험도 도움이 되었죠.

하람이는 그림을 그리고, 필요한 재료도 적어 보았어요. 태양광 패널, 전선, 작은 충전기, 그리고 튼튼하고 가벼운 가방 재질까지! 상상만으로도 신이 났어요.

발표 날, 하람이는 자신 있게 태양 빛 가방을 설명했어요.

"이 가방은 햇빛을 받아 휴대전화를 충전할 수 있어요. 전기를 아껴 쓰고, 충전기 없이도 바깥에서 편하게 쓸 수 있답니다!"

친구들은 "우와! 진짜 멋져!", "나도 만들고 싶어!" 하고 감탄했어요. 선생님께서 웃으며 말씀하셨어요.

"작은 아이디어도 세상을 바꿀 수 있어요. 우리가 쓰는 물건 하나하나가 환경을 지킬 수 있는 발명이 될 수 있어요!"

그날 이후, 하람이는 매일 새로운 발명 노트를 쓰기 시작했어요. 버려진 물건을 다시 쓸 방법, 에너지를 아끼는 도구, 환경을 지키는 기발한 아이디어들이 가득했죠. 그리고 다짐했어요.

"나는 지구를 지키는 발명가가 될 거야!"

이제 여러분 차례예요! 여러분의 특별한 상상은 어떤 모습인가요? 하람이처럼 나만의 친환경 발명 아이디어를 떠올려 보세요. 작은 생각이 큰 변화를 만들 수 있답니다!

친환경 발명은 어떻게 시작할까요?

왜 친환경 발명이 필요할까요?

우리가 쓰는 물건이나 제품이 자연에 해를 준다면, 지구는 점점 아프게 될 거예요. 그래서 요즘은 자연을 생각하는 '친환경 발명품'이 중요해졌어요. 친환경 발명은 물건을 만들 때부터 자연을 해치지 않도록 생각하고, 재료도 자연에서 온 것들을 쓰려고 해요.

어떤 재료를 써야 할까요?

발명할 때 어떤 재료를 쓰는지도 아주 중요해요.

- **재활용이 가능한 재료**: 다시 사용할 수 있는 플라스틱이나 종이
- **자연에서 녹아 없어지는 재료**: 감자 전분, 옥수수로 만든 포장지
- **독성이 없는 재료**: 몸에 해롭지 않은 재료

예를 들어, 비닐 대신 꿀벌의 밀랍으로 만든 포장지는 자연에서도 잘 녹아요!

발명 아이디어는 어떻게 떠올릴까요?

더하고 빼고 바꾸는 발명 비법!

발명을 잘하려면 머리를 유연하게 써야 해요. 아래는 아이들이 잘 쓰는 발명 비법이에요.

- **더하기 발명**: 두 개의 물건을 합쳐서 새롭게 만들기

  (예 손잡이 달린 물통 + 거울 → 캠핑용 화장 도구)

- **빼기 발명**: 불필요한 걸 빼서 더 편리하게 만들기

  (예 다리를 뺀 좌식 의자)

- **크기 바꾸기**: 작던 걸 크게, 크던 걸 작게

  (예 큰 바람개비 → 풍력 발전기!)

- **모양 바꾸기**: 더 편하게 쓸 수 있도록 형태를 바꾸기

  (예 손에 잘 잡히는 물병)

- **재료 바꾸기**: 원래 쓰던 것보다 자연에 좋은 재료로 바꾸기

  (예 플라스틱 빨대 → 종이 빨대)

아이디어가 생각이 안 나요! 어떻게 하죠?
브레인스토밍 해 보기!

친구들이랑 모여서 아무 생각이나 막 이야기해 보는 거예요. "말도 안 되는 거 아냐?" 싶은 아이디어도 괜찮아요. 그중에서 신기하고 쓸모 있는 아이디어가 튀어나올 수 있답니다.

실제로 이런 발명품이 있어요!
물풍선 물병

영국 학생들이 만든 '오호 물병'은 먹을 수 있는 물풍선처럼 생겼어요. 플라스틱이 전혀 필요 없죠!

바다에 좋은 골프공

골프공이 바다에 빠지면 물고기들이 다칠 수 있어요. 그래서 어떤 발명가는 물에 녹아 물고기 먹이가 되는 골프공을 만들었대요. 골프공이 녹아서 물고기 밥이 되는 거예요!

식용 포장지

라면을 포장지째 끓여 먹을 수 있는 '먹는 포장지'가 있어요! 감자 전분으로 만들어서 물에 넣으면 사르르 녹아요.

■ 자료출처 - dezzen
- Holly Grounds develops dissolvable ramen packaging that turns into sauce

꿀벌이 만든 포장지

'허니랩'은 꿀벌이 만든 밀랍으로 만든 음식 포장이에요. 비닐랩 대신 쓸 수 있어요.

알약 치약

시약 튜브는 플라스틱 쓰레기가 많이 나와요. 그래서 '알약 치약'이 나왔어요. 입에 넣고 씹으면 거품이 나서 양치할 수 있어요!

흐르는 물로 전기 만들기

강이나 개울에 넣으면 천천히 흐르는 물에서도 전기를 만들 수 있는 '물 터빈'도 있어요. 이름은 '워터로터'예요!

자전거 세탁기

페달을 밟으면 드럼통이 돌아가서 빨래를 해 주는 '자전거 세탁기'도 있어요. 전기도 안 들고 운동도 돼요!

우리나라 친구들의 멋진 발명품
무지개 식판

잔반이 너무 많이 나와서 문제였어요. 그래서 어떤 학생들은 '한 끼 분량'만 담을 수 있는 식판을 만들었어요. 식판에 선이 있어서 음식량을 조절할 수 있어요.

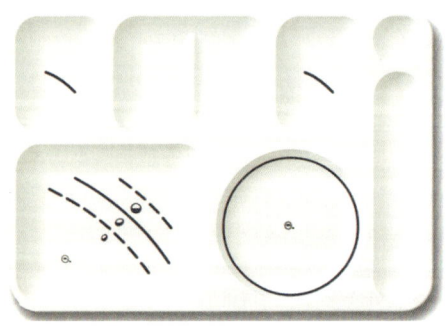

태양광 베개

여름엔 시원하고, 겨울엔 따뜻한 베개가 있었으면 좋겠죠? 그래서 태양광으로 충전되는 특별한 베개를 만든 학생도 있어요.

문어 세척기

문어를 깨끗이 씻기 어려워서, 태양광으로 작동하는 문어 세척 기계까지 만든 학생도 있어요. 물줄기와 솔이 자동으로 작동해요. 전기도 태양광으로 충전해요!

자동 캔 압축기

음료수 캔을 넣으면 바로 납작하게 눌러 주는 기계도 있어요. 전기도 필요 없고, 태양광으로 작동해요. 어디서든 설치할 수 있어요!

나도 친환경 발명가가 될 수 있어요!

발명은 이렇게 시작해요!

1. 문제 찾기
- 일상에서 불편하거나 환경에 해로운 것을 찾아요.

2. 아이디어 떠올리기
- 어떻게 하면 문제를 해결할 수 있을지 상상해 보세요!

3. 어떤 사람이 쓸까 생각하기
- 누가 이 발명품을 제일 좋아할까요?

4. 만들어 보기
- 그림으로 그려도 되고, 상자나 종이로 미니 모형을 만들어도 좋아요.

5. 발표하기
- 왜 이것이 필요한지 설명해 보세요!

상상력을 펼칠 수 있는 발명 대회도 있어요

- **발명 그림 대회**

  자연을 지키는 놀이터나 탈것을 그림으로 그려요.

- **발명 캐릭터 만들기**

  벌이나 개구리를 환경 지킴이 캐릭터로 만들어 보아요!

자연을 닮은 발명: 자연은 최고의 발명가예요!

우리가 자연을 잘 들여다보면, 아주 오래전부터 스스로 문제를 해결해 온 생물들이 많아요. 이런 자연의 지혜를 따라 만든 발명을 자연 모방 기술 또는 바이오미믹스(Biomimetics)라고 해요. 자연은 사람보다 훨씬 먼저 세상에 있었고, 그 안에서 살아남기 위해 수많은 방법을 만들어 냈어요. 그래서 자연을 본떠서 만든 발명품은 아주 효율적이고, 친환경적인 경우가 많아요.

거미줄에서 배운 튼튼한 구조

거미줄은 아주 얇고 가늘지만, 강철보다 더 튼튼한 힘을 가졌어요. 그래서 과학자들은 거미줄의 구조를 본떠 튼튼하고 가벼운 방탄복이나 로프를 만들었어요. 이처럼 가늘지만 질긴 재료는 우주복에도 사용될 수 있어요.

벌의 집에서 배운 육각형

벌들이 만드는 벌집은 육각형 모양이에요. 왜 육각형일까요? 네모나 동그라미보다 공간을 가장 알뜰하게 쓰기 때문이에요. 그래서 육각형 구조는 종이컵을 담는 포장재나, 물건을 싸는 완충재에도 자주 사용돼요. 작고 튼튼하면서도 재료를 적게 쓰는 똑똑한 모양이에요!

도마뱀 발에서 배운 신발

벽을 기어오르는 도마뱀 '게코'는 미끄러운 유리창도 척척 올라가요. 과학자들이 도마뱀 발바닥의 아주 미세한 털을 연구해서, '접착제 없이 붙는 테이프'나 '미끄럼 방지 신발 밑창'을 만들었어요.

씨앗에서 배운 날아가는 장치

단풍나무 씨앗은 뱅뱅 돌면서 멀리 날아가요. 이걸 보고 과학자들이 만든 게 바로 '헬리콥터의 날개'예요. 씨앗은 바람을 타고 멀리 퍼져야 살아남을 수 있어서, 스스로 멀리 날아가는 모양으로 진화한 거죠. 이 씨앗의 움직임은 드론 설계에도 도움이 되고 있어요.

펭귄 몸에서 배운 미끄러짐

펭귄은 물속에서도 아주 빠르게 헤엄쳐요. 그 비결은 바로 공기 방울이 나는 털과 매끈한 몸이에요. 과학자들은 이걸 보고 수영복이나 배 표면에 적용해서 물의 저항을 줄였어요.

연잎에서 배운 물방울 튕기기

연잎 위에 물을 뿌리면 물방울이 동글동글하게 굴러떨어져요. 연잎 표면에 아주 작은 돌기들이 있어서 물방울이 닿지 못하고 굴러가게 만드는 거예요. 이 원리를 이용해 만든 것이 방수 옷감이에요.

개념 이해

브레인스토밍이 뭐예요?
아이디어가 쏟아지는 마법의 시간!

브레인스토밍(Brainstorming)은 머릿속 생각(Brain)을 폭풍처럼 (Storm) 몰아내는 활동이에요. 아무 생각이나 자유롭게 떠올리다 보면, 진짜 멋진 아이디어가 번쩍! 떠오를 수 있어요.

브레인스토밍을 할 때 꼭 기억할 규칙

1. 틀린 생각은 없다!

이상한 생각, 말도 안 되는 생각도 모두 괜찮아요. 그게 좋은 아이디어의 씨앗이 될 수 있어요.

2. 친구 아이디어를 비판하지 않기!

"그건 좀 아닌 것 같아" 같은 말은 금지! 아이디어는 자유롭게 나와야 해요.

3. 양이 많을수록 좋아요!

처음엔 별로인 것 같아도, 생각이 많아지면 그 안에 진짜 보물이 숨어 있을 수 있어요.

4. 친구 아이디어에 아이디어를 더하기!

친구가 낸 아이디어에 "그거 좋다! 거기에 이길 더하면 어때?" 하고 보태면 더 멋진 생각이 돼요.

브레인스토밍 이렇게 해요!

❖ 준비물

- 큰 종이나 칠판
- 색깔 있는 펜
- 포스트잇
- 질문 하나

  (예 "쓰레기를 줄일 수 있는 발명품엔 뭐가 있을까?")

❖ 활동 방법

1. 한 명씩 돌아가며 생각나는 아이디어를 말해요.
2. 종이에 쓰거나 포스트잇에 붙여요.
3. 친구 아이디어에 아이디어를 덧붙여요.
4. 가장 신기하거나 재미있는 아이디어를 뽑아 그림으로 그려요.

❖ 예시 질문

- 자연을 보고 만든 발명에는 어떤 것이 있을까?
- 여름을 시원하게, 겨울을 따뜻하게 해 주는 친환경 발명품은?
- 우리 집에서 나오는 쓰레기를 줄일 수 있는 아이디어는?

브레인스토밍 후 이렇게 응용해요!

- **발명 카드 만들기**

  아이디어를 그림으로 그리고, 이름과 설명을 적은 발명 카드를 만들어요.

- **발명 전시회 열기**

  친구들과 만든 발명 아이디어를 모아 작은 발표회를 해 봐요.

- **실제로 만들어 보기**

  만들 수 있을 것 같은 발명품은 재활용 재료로 모형을 만들어도 좋아요!

환경을 지키는 멋진 기술들

깨끗한 기술, 클린 테크란?

클린 테크는 '깨끗한 기술'이라는 뜻이에요. 공기를 더럽히지 않고 에너지를 만들거나, 자연을 오염시키지 않고 물건을 만드는 기술을 말하죠. 예를 들어, 햇빛이나 바람으로 전기를 만드는 기술도 클린 테크예요. 요즘은 클린 테크 기술이 점점 더 많이 쓰이고 있어요. 왜냐하면, 이렇게 만든 에너지는 환경을 지키면서도 돈도 아끼게 도와주거든요.

똑똑한 전기 시스템, 스마트 그리드

스마트 그리드는 똑똑한 전기 길이에요. 보통 전기는 한 방향으로만 흘러가는데, 스마트 그리드는 전기의 흐름과 정보를 서로 주고받을 수 있어요. 덕분에 전기를 더 필요한 곳에 보내 주고, 정전도 막을 수 있어요. 전력선을 따라 붙어 있는 센서들이 위험을 먼저 알아채고 스스로 해결하기도 한답니다. 전기를 아껴 쓰고, 에너지 낭비도 막아주는 똑똑한 시스템이에요!

공기 중 이산화탄소를 잡아라! 탄소 포집 기술

우리가 자동차를 타거나 공장을 돌릴 때 나오는 이산화탄소(CO_2)는 지구온난화를 일으켜요. 그래서 과학자들은 공기 중에 있는 이산화탄소를 모아 없애는 '탄소 포집 기술'을 개발했어요. 특히 '직접 공기 포집 기술(DAC)'은 커다란 선풍기로 공기를 빨아들여서 CO_2만 골라내요. 한국 연구진은 이 기술을 너 발전시켜 공기 속 이산화탄소를 효율적으로 모으고 있어요!

전기를 모으는 배터리, 더 똑똑하게!

해가 안 뜨거나 바람이 불지 않을 때를 위해 전기를 모아 두는 기술이 필요해요. 이걸 '에너지 저장 시스템(ESS)'이라고 해요. ESS가 있으면 필요한 때에 전기를 꺼내 쓸 수 있어서 아주 유용해요. 최근에는 불이 나지 않게 안전하게 만들어지고 빨리 충전이 되는 배터리가 많이 개발되고 있어요.

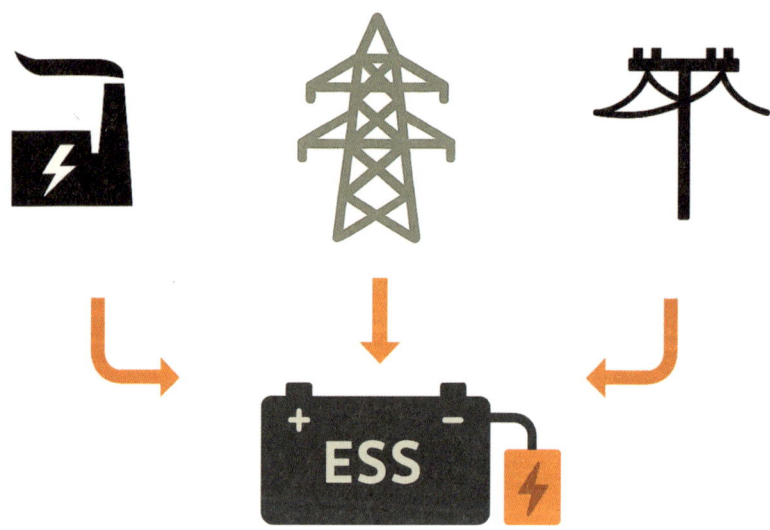

인공지능으로 지구 지키기

인공지능(AI)은 사람처럼 똑똑하게 생각하는 컴퓨터예요. AI는 위성사진과 센서 데이터를 보고 어디에서 산불이 났는지, 어디에 오염이 있는지 빠르게 찾아 줘요. 예를 들어, 아마존 숲에서 나무가 베어지는 것을 실시간으로 감지하거나, 에너지 센터의 전기 사용을 줄이게 도와주기도 해요. AI 덕분에 환경을 더 빠르고 정확하게 지킬 수 있게 되었어요.

자연을 닮은 똑똑한 센서 – 바이오센서

바이오센서는 우리 주변에 있는 나쁜 세균이나 오염 물질을 감지해 주는 센서예요. 어떤 센서는 색깔이 변하면서 "여기 위험이 있어요!" 하고 알려 줘요. 예를 들어, 공기 중에 위험한 세균이 있을 때 노란색에서 보라색으로 색이 변해요. 이런 센서는 누구나 쉽게 쓸 수 있고, 복잡한 기계 없이도 오염을 알 수 있어서 매우 편리해요.

태양과 바람을 활용한 재생 가능 에너지

재생 가능 에너지는 자연에서 얻는 에너지예요. 해가 비치면 전기를 만들고, 바람이 불면 풍차가 돌아가서 전기를 만들어요. 이런 에너지는 다시 쓸 수 있고, 공기를 더럽히지 않아요. 특히 태양광 에너지는 많은 나라에서 쓰이고 있어요. 그리고 미래에는 원자력도 함께 사용하면서 석탄이나 석유 같은 에너지를 점점 줄일 계획이에요.

친환경 수소 만들기 – 그린 수소

그린 수소는 깨끗한 수소 에너지를 만드는 방법이에요. 물을 전기 분해해서 수소를 얻는데, 이 전기가 태양이나 바람 같은 재생 에너지에서 왔다면 '그린' 수소가 되는 거죠. 이 수소는 자동차나 기계를 돌리는 데 쓸 수 있고, 환경을 더럽히지 않아요.

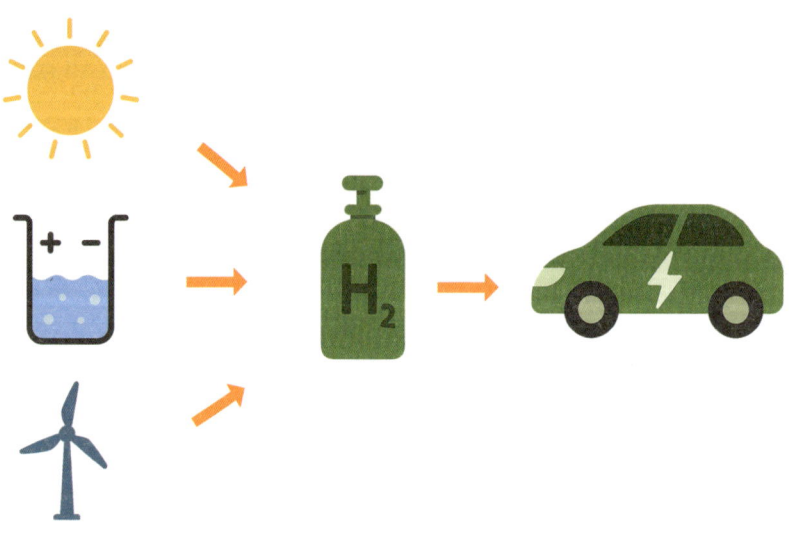

다 쓴 배터리도 다시 쓰자 – 배터리 재활용

전기 차에서 나온 폐배터리도 그냥 버리면 환경에 해로워요. 그래서 안에 있는 리튬 같은 중요한 물질을 다시 뽑아내는 기술이 있어요. 어떤 기술은 리튬을 97%까지 다시 얻을 수 있어요! 이것으로 새 배터리를 만들 수 있어요.

바이오 플라스틱 – 자연에서 온 새로운 재료

바이오 플라스틱은 옥수수, 감자, 대나무 같은 식물로 만든 플라스틱이에요. 특별한 조건에서 잘 썩기 때문에 플라스틱 쓰레기를 줄이는 데 도움이 돼요. 어떤 것은 물에 닿으면 몇 달 안에 썩기도 하고, 어떤 것은 튼튼해서 장난감이나 생활용품에 쓰여요. 환경도 지키고, 플라스틱 문제도 해결할 수 있는 멋진 재료랍니다.

자연을 돕는 농업과 식사

미래에는 땅이나 물을 아끼면서도 더 많은 음식을 만들어야 해요. 그래서 물을 적게 쓰고, 토양을 건강하게 만드는 '지속 가능한 농업'이 중요해졌어요. 또, 식물로 만든 고기나 실험실에서 키운 고기(배양육)도 개발되고 있어요. 환경도 지키고, 동물도 지키는 새로운 식사 방법이에요!

미생물이 환경을 청소해요 – 바이오 정화 기술

바이오리메디에이션은 미생물이 오염된 흙이나 물을 깨끗하게 해 주는 기술이에요. 예를 들어, 기름이 바다에 유출되었을 때, 기름을 먹는 박테리아가 기름을 없애 줘요. 화학약품 없이도 자연을 복원할 수 있어서 아주 친환경적인 방법이에요.

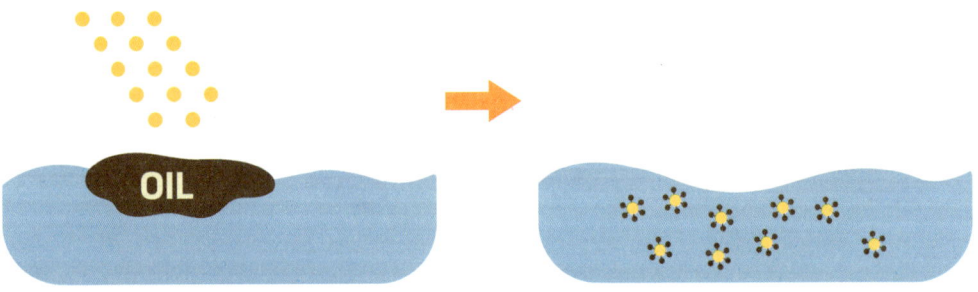

미래를 위한 발명품들

공기에서 물을 만드는 기계, 스스로 금이 메워지는 콘크리트, 나무처럼 공기를 정화하고 전기를 만드는 스마트 나무도 있어요. 모두 환경을 더 깨끗하게 만들기 위해 발명된 똑똑한 기술들이죠. 전기를 쓰는 자동차나 버스도 점점 많아지고 있어요. 이제는 '환경을 아끼는 이동 수단'이 우리 생활의 중요한 부분이 되었어요.

이런 기술들은 모두 지구를 아끼기 위해 만들어진 거예요. 과학자들과 발명가들은 더 깨끗하고 건강한 지구를 위해 오늘도 새로운 아이디어를 열심히 연구하고 있답니다. 우리도 함께 관심을 가지고 지켜보면 좋겠죠?

확장 활동

발명 카드 만들기 - 내 머릿속 환경 도구

우리 주변에는 아직도 불편하거나, 환경을 오염시키는 문제가 많아요. 이 활동에서는 내가 그런 문제를 어떻게 해결할 수 있을지 발명가처럼 상상하고, 그림과 설명으로 '발명 카드'를 만들어 봐요. 내 머릿속 아이디어가 멋진 환경 도구가 될 수 있어요!

준비물

발명 카드 활동지(또는 도화지, 양식지), 연필, 색연필, 사인펜 등, 스케치북이나 메모장(아이디어 정리용)

❖ **활동 방법**

1. 생각 열기

   평소 생활 속에서 불편했던 점이나, 환경을 지키기 위해 고치고 싶은 점을 떠올려 봐요.

   (예 '물을 아껴 쓰는 방법은 없을까?', '비닐봉지를 안 써도 되는 장바구니는?')

2. 문제 해결 상상하기

   그 문제를 해결할 수 있는 도구, 기계, 물건을 상상해 보세요.

   (예 태양광으로 움직이는 분리수거 로봇, 음식물 쓰레기를 비료로 바꾸는 마법 통, 비 오는 날 자동으로 펴지는 우산 모자 등)

3. 카드에 표현하기

   발명품을 그림으로 예쁘게 그려요. 그리고 다음의 내용을 칸에 맞춰 적어요.

   - 이름: 내 발명품의 멋진 이름
   - 기능: 어떤 문제를 해결하는지
   - 작동 방법: 어떻게 작동하는지
   - 필요한 재료: 어떤 재료로 만들 수 있는지
   - 환경에 좋은 점: 왜 지구에 도움이 되는지

4. 나만의 발명 카드 완성!

완성한 카드는 교실에 전시하거나 친구들과 함께 나눠 보며 서로의 아이디어를 배워 보세요.

❖ **응용 활동**
- 만든 발명품을 입체 모형으로 만들어 보세요.(클레이, 종이, 박스 등 활용)
- 교과와 연결하여 실과 시간에는 구조를 설계해 보고, 국어 시간에는 사용 설명서를 써 보아요.
- '친환경 발명 대회'를 열어 우리 반 최고의 아이디어를 뽑아 볼 수도 있어요!

6장
모두를 위한 공간은 어떻게 만들어야 할까요?

공공 공간 설계와 사회적 배려

중심 개념
공간 (Space)

관련 개념
공공성(Public)
협력(Cooperation)
다양성(Diversity)

사고 개념
연결(Connection)
관점(Perspective)

연계 교과

- **사회**: 우리 지역과 세계 여러 나라의 위치와 특징을 파악하고, 생활 주변 주요 장소의 의미와 기능을 이해하기
- **실과**: 생활 속 문제를 발견하고, 다양한 사람의 입장을 고려해 편리하고 안전한 공간 설계하기
- **미술**: 아이디어를 그림·도면·모형 등으로 표현하며 모두를 위한 공간의 모습을 시각화하기

탐구 질문

❖ 공공장소는 누구를 위해, 어떻게 만들어야 할까요?

❖ 모두가 편리하게 사용할 수 있는 공간은 어떤 모습일까요?

❖ 내 주변에 필요한 공공 공간은 어떤 것이 있을까요?

교과서 속

연결 이야기

　모두를 위한 공간은 단순히 예쁘게 꾸미는 장소가 아니라, 다양한 사람들이 편리하고 안전하게 함께 살아가기 위해 꼭 필요한 기반이에요. 이 단원은 사회, 실과, 미술 교과의 배움과 깊이 연결되어 있어요.

　사회 시간에는 우리 지역과 세계 여러 나라의 위치와 특징을 지도와 지구본을 통해 살펴보고, 생활 주변의 주요 장소가 어떤 의미와 기능을 갖는지 배워요. 디지털 지도를 활용해 공간 정보를 비교·분석하면서, 공공장소가 지역과 세계 속에서 어떤 가치를 지니는지 이해하고 다양한 장소에 대한 공감과 관심을 기르게 되지요.

실과 시간에는 생활 속 문제를 발견하고, 그것을 해결하기 위한 구체적인 설계 방법을 탐구해요. 장애인, 어린이, 노인 등 다양한 사람들의 입장을 고려하여 편리하고 안전하게 사용할 수 있는 공간을 설계하면서 문제 해결 능력을 기릅니다.

미술 시간에는 나의 아이디어를 그림, 도면, 모형 등 다양한 방식으로 표현하는 법을 배우고, 이를 통해 상상 속 공간을 실제로 구체화해요. 색과 형태, 배치와 구조를 고민하며 '모두를 위한 공간'이 어떤 모습이어야 하는지 시각적으로 보여줄 수 있지요.

이처럼 여러 교과에서의 학습은 결국 하나로 이어집니다. 사회는 위치와 공간을 이해하는 힘을, 실과는 문제를 해결할 수 있는 기술을, 미술은 아이디어를 구체적으로 표현하는 능력을 길러 줍니다. 결국, 우리는 공공공간이 단순한 장소를 넘어, 모두가 존중받고 어울릴 수 있는 삶의 터전임을 배우게 되지요.

지유네 놀이터 계획서

지유는 방과 후마다 놀이터에 가는 것을 정말 좋아해요. 그곳은 친구들과 뛰어놀고, 모래 놀이를 하며 하루의 피로를 잊는 가장 행복한 공간이죠.

그런데 요즘 지유는 놀이터에 오래 머물 수가 없어요. 미끄럼틀은 깨져서 위험하고, 모래는 딱딱하게 굳어 놀 수 없게 되었거든요. 친구들도 점점 놀이터에 오지 않게 되었고, 지유는 조금씩 외

로워졌어요.

그러던 어느 날, 사회 시간에 '모두를 위한 공간 만들기' 수업을 듣게 되었어요. 선생님은 누구나 편안하게 이용할 수 있는 공공 공간이 왜 필요한지, 그리고 우리가 그런 공간을 직접 상상해 볼 수 있다고 말씀하셨어요.

지유의 눈이 초롱초롱해졌어요.

"우리 동네에도 새롭고 재미있는 놀이터가 필요해!"

지유는 마인드맵을 꺼내 들고 생각을 정리하기 시작했어요. 그냥 예쁜 놀이터가 아니라, 아이부터 어른까지 모두 함께 이용할 수 있는 공간이면 좋겠다고 생각했죠.

지유는 놀이터를 어떻게 바꿀 수 있을지 상상하면서 점점 더 깊이 빠져들었어요. 그냥 노는 곳이 아니라, 누구나 편하게 쉴 수 있고, 서로 이야기를 나누며 웃을 수 있는 공간이면 좋겠다고 생각했죠. 그래서 놀이터 한쪽에는 조용히 책을 읽거나 그림을 그릴 수 있는 '생각 그늘 쉼터'를 만들고, 어른들이 운동도 하고 이야기도 나눌 수 있는 '건강 정자'를 설계했어요. 아이들이 놀다가 다치지 않도록 부드러운 바닥을 깔고, 휠체어를 탄 친구도 미끄럼틀 꼭대기까지 갈 수 있도록 넓은 경사로도 놓았죠. 심지어 놀이터 옆에는 직접 분리수거를 배울 수 있는 '환경 코너'도 만들었어요. 지유는 한 장 한 장 종이를 붙이며, 사람마다 다른 필요를 생각하는 일이 얼마나 중요한지 깨달았어요.

며칠 뒤, 지유의 놀이터 설계도는 학교 전시회에 소개되었고, 친구들은 "정말 우리 동네에 있었으면 좋겠다!"라며 박수를 보냈어요. 선생님도 지유에게 "너처럼 사람을 생각하는 디자이너가 많아지면 여러 사람이 행복해질 거야"라고 칭찬해 주셨어요.

그날 이후, 지유는 마음속으로 단단히 결심했어요.

"나는 커서 모두가 행복하게 웃을 수 있는 공간을 만드는 공공 디자이너가 될 거야!"

공공 디자인이란?

우리 주변에는 누구나 함께 쓰는 장소가 많아요. 놀이터, 공원, 버스 정류장, 지하철역, 횡단보도, 도서관 같은 곳들이죠. 이런 곳을 더 안전하고, 편하고, 아름답게 만드는 것을 바로 공공 디자인이라고 해요.

예전에는 공공 디자인이 멋진 건물이나 넓은 광장을 멋지게 만드는 일이었어요. 하지만 지금은 단지 보기 좋게 만드는 것만이 아니에요. 사람들이 더 잘 쉬고, 안전하게 다니고, 편하게 사용할 수 있도록 도와주는 것이 중요해졌어요.

공공 디자인이 적용되는 곳은?

공공 디자인은 여러 가지 장소나 물건에 적용돼요.

공간 디자인

공원, 광장, 운동장, 놀이터, 도로, 다리, 터널 같은 곳을 더 편하고 안전하게 만드는 디자인

시설물 디자인

벤치, 쓰레기통, 음수대(물 마시는 곳), 가로등, 화장실처럼 사람들이 자주 쓰는 물건들을 더 잘 보이고 쉽게 쓰도록 바꾸는 디자인

이미지 디자인

안내 표지판, 지도, 버스 노선도처럼 우리가 길을 찾고 정보를 얻는 데 도움을 주는 디자인

모두를 위한 공간, 공공 공간(Public Space)

공공 공간은 누구나 자유롭게 들어가서 쉴 수 있는 곳이에요. 예를 들면 광장, 시장, 거리, 공원 같은 곳이에요. 이곳에서는 사람들이 산책도 하고, 친구랑 이야기하기도 하고, 축제나 공연도 열려요.

이런 공간이 잘 만들어져 있으면 사람들은 기분이 좋아지고, 친구를 사귀기 쉬워지고, 마을도 더 따뜻해져요. 모두에게 열려 있는 공간이기 때문에 나이, 성별, 장애가 있어도 누구나 쉽게 쓸 수 있게 하는 것이 중요해요.

유니버설 디자인과 무장애 디자인, 뭐가 다를까요?

유니버설 디자인
(Universal Design)

장애가 있든 없든, 누구나 처음부터 편하게 사용할 수 있도록 만든 디자인이에요. 키가 작아도 누를 수 있는 엘리베이터 버튼, 모두가 이해하기 쉬운 그림 안내판처럼요.

무장애 디자인
(Barrier-Free Design)

장애가 있는 사람이나 노약자가 이용할 때 불편하지 않도록 도와주는 디자인이에요. 예를 들어 휠체어가 쉽게 올라갈 수 있도록 경사로를 만들거나, 점자 안내판을 설치하는 것이에요.

무장애 디자인은 '특별히 불편한 사람을 도와주자'는 생각에서 시작되었고, 유니버설 디자인은 '모두가 처음부터 함께 쓰자'는 생각이에요. 둘 다 사람을 배려하는 디자인이에요.

요즘 공공 디자인에는 어떤 것이 있을까요?

환경을 생각하는 그린 디자인

서울은 도시에 숲을 더 많이 만들고 있어요. 나무가 많으면 미세먼지가 줄어들고, 여름에도 시원해지고, 환경이 쾌적해 져요. 커피 찌꺼기를 모아서 흙으로 다시 사용하는 것도 환경오염을 줄이기 때문에 친환경 활동이에요!

사람들이 자연스럽게 모일 수 있는 공간 만들기

마을 광장에 운동기구를 설치하거나, 여러 세대가 함께 놀 수 있는 공간을 만드는 것도 요즘 중요한 공공 디자인이에요.

스마트 기술이 들어간 공간

벤치에 휴대전화 충전기를 달거나, 공기 상태를 알려 주는 전광판도 있어요. 똑똑한 기술이 들어간 공간이 점점 늘고 있어요.

공공 디자인이 좋은 점

- 관광객들이 더 많이 찾아와서 마을이나 도시가 유명해질 수 있어요.
- 사람들이 더 안전하고 편하게 생활할 수 있어서 행복해져요.
- 쓰레기가 줄고, 에너지를 아낄 수 있어요.
- 아이들이 놀거나 어른들이 쉴 수 있는 공간이 많아져요.
- 마을이 예쁘고 깨끗해지면, 사람들도 그만큼 마을을 더 아끼게 돼요.

우리도 할 수 있어요!

공공 디자인은 전문가만 할 수 있는 것이 아니에요. 우리도 '우리 마을에 이런 공간이 있으면 좋겠다!' 하고 상상하거나, '이건 이렇게 바꾸면 더 편하지 않을까?' 생각하는 것부터가 바로 공공 디자인의 시작이에요.

친구들과 함께 우리 동네에 필요한 공간을 설계해 보거나, 모두가 쓸 수 있는 물건을 상상해 보는 활동을 해 보세요!

개념 이해

마인드맵
- 내 머릿속 생각을 눈으로 볼 수 있는 마법

이번 단원에서는 우리가 살고 싶은 공공 공간을 직접 상상하고 설계해 보는 활동을 해요. 그런데 막상 '어떤 공간을 만들지?' 생각하려고 하면 머릿속이 복잡해지기도 하고, 좋은 아이디어가 자꾸 사라지기도 하죠. 이럴 때 마인드맵(Mind Map)을 만들면 머릿속 생각을 잘 정리할 수 있어요.

마인드맵이 뭐예요?

마인드맵은 하나의 중심 생각에서 출발해서, 그 생각과 연결된 아이디어들을 가지처럼 뻗어 나가며 정리하는 생각 그림이에요. 나뭇가지처럼 퍼져 나가며 관련된 내용을 눈으로 한눈에 볼 수 있어서, 생각이 자연스럽게 확장되고, 정리가 잘돼요.

마인드맵, 이렇게 해 보세요!

1. 먼저, 중심 주제를 정해요.

    내가 만들고 싶은 공공장소가 무엇인지 정해요. 예를 들어 '모두를 위한 놀이터'나 '책 읽는 정원', '안전한 골목길', '시원한 버스 정류장' 같은 공간을 떠올릴 수 있어요.

2. 도화지 한가운데에 주제를 크게 써요.

    가운데에는 예쁘게 그림도 그리고, 공간 이름도 써 보세요. 중심이 되는 생각이에요.

3. 중심에서 생각을 뻗어요 – 질문으로 가지를 만들어요.

    - 누가 이 공간을 사용할까요?

        (아이들, 어른들, 노인, 장애인, 강아지와 함께 오는 가족 등)

    - 무엇이 필요할까요?

(놀이기구, 휴식 공간, 화장실, 그늘, 벤치, 물 마시는 곳 등)
- 무엇을 조심해야 할까요?

(미끄럼틀의 안전, 쓰레기 문제, 소음, 장애물 등)
- 어떤 기분이 들었으면 좋을까요?

(편안함, 즐거움, 휴식, 안전 등)

이렇게 질문을 중심으로 가지를 뻗으며 생각을 적어 나가 보세요. 짧은 말, 그림, 색깔 펜을 써서 자유롭게 표현하면 더 좋아요.

4. 생각을 더 구체적으로 이어 붙여요.

예를 들어, '그늘 공간이 필요해요'라는 가지에서 또 다른 가지로 '햇빛을 피하고 책도 읽을 수 있어요'라고 이어서 적어요. 생각이 연결되면 아이디어도 점점 더 풍성해져요!

마인드맵을 만들면 좋은 점!

- 생각이 정리돼요. 말이나 글로 정리하기 어려웠던 아이디어가 쉽게 보이게 돼요.
- 놓치기 쉬운 생각을 발견할 수 있어요. "어? 여기에 휠체어가 지나갈 수 있어야겠네!"처럼 다른 사람의 처지에서 생각하게 돼요.

- 아이디어가 점점 커져요. 단순한 놀이터가 아니라, 다양한 사람을 위한 멋진 공간으로 바뀌게 돼요.

Tip! 마인드맵을 더 재미있게 만드는 방법
- 색깔 펜이나 스티커, 아이콘 그림을 활용해요.
- 사람 얼굴, 장소, 물건 등을 간단하게 그려 넣으면 기억하기 쉬워요.
- 친구와 함께 서로의 마인드맵을 비교해 보고 아이디어를 나눠요.

개념 확장

세상을 바꾼 공공 디자인 이야기
- 멋진 작가들과 미래의 상상

"우와! 이 거울 진짜 신기하다!"

"왜 여긴 계단 대신 미끄럼틀이 있지?"

이런 놀라운 공간을 만든 사람들이 있어요. 이름은 조금 어렵지만, 이들의 상상력은 아주 특별했죠. 바로 공공 디자인을 만든 작가들이에요. 이들의 작품을 함께 구경해 볼까요?

콩 거울로 유명한 아티스트, 안니시 카푸어

미국 시카고의 한 공원에는 구불구불한 미래 건물과 콩처럼 생긴 거울 조각이 있어요. 이곳은 바로 '밀레니엄 파크'! 시카고 시민들이 사랑하는 공간이에요. 이 거울은 정식 이름이 '클라우드 게이트', 만든 사람은 인도 출신의 예술가 안니시 카푸어예요. 사람들은 이 거울에 비친 하늘과 도시, 그리고 자신을 보며 즐거워해요.

안니시는 이렇게 말했어요.

"사람들이 작품을 통해 자신과 도시를 다시 보게 되길 바랐어요."

그의 작품은 단순한 조형물이 아니라, 모두가 함께 즐기고 참여할 수 있는 공공 예술이에요!

■ 자료출처 - PublicDomainPictures.net

공원 속 박물관 마을 – 부다페스트의 리게트 프로젝트

헝가리의 수도 부다페스트에는 오래된 공원이 있어요. 그런데 그냥 오래된 공원이 아니라, 멋진 박물관과 음악의 집, 미술관이 함께 있는 특별한 공간이에요!

이곳의 이름은 '리게트 부다페스트', 약 10년 동안 리모델링된 대규모 프로젝트예요. 건축가와 예술가들이 힘을 모아 옛것과 새것을 조화롭게 연결했어요. 이곳을 걸어 보면 마치 책에서 나온 유럽 마을을 걷는 느낌이에요. 아이들도 놀이터에서 뛰어놀고, 가족들은 잔디밭에 앉아 음악을 감상하죠.

▪ 자료출처 - https://ligetbudapest.hu/en/liget-budapest-project?utm_source=chatgpt.com

예술로 다시 태어난 버스 정류장 - 서울 아트 쉘터

서울에는 그냥 서서 기다리는 정류장 말고, 마치 미술관처럼 생긴 정류장이 있어요. 이름은 '아트 쉘터'예요! 건축가와 예술가들이 함께 만든 이 공간은 비 오는 날도 기다리는 시간이 즐겁고, 밤에도 조명이 켜져서 안전해요. 이런 디자인은 단순히 '예쁘다'를 넘어서 사람들을 배려하는 마음이 담겨 있어요.

지능형 시청사를 만든 노먼 포스터

런던 타워브리지 옆에는 모양이 특이한 건물이 있어요. 계란처럼 둥글고 유리로 된 건물, 이것이 무엇일까요?

바로 런던 시청사예요! 이 건물은 유명한 건축가 노먼 포스터가 설계했어요. 그는 미래형 건축의 대가로, 환경을 생각하며 설계하는 것을 좋아해요. 이 시청사는 햇빛을 자연스럽게 받아들여 에너지를 절약하고, 바람이 잘 통해 에어컨을 덜 사용해도 된대요! 겉모습도 멋지고, 지구도 지키는 똑똑한 디자인이죠!

흐르는 도시, 서울 청계천

우리나라 서울 한가운데에는 작은 강이 흐르고 있어요. 이름은 청계천이에요. 원래는 자동차 도로가 있던 곳인데, 사람들이 걷고 쉬고 놀 수 있도록 다시 물길을 만들었어요. 여름엔 시원하고, 밤에는 반짝이는 불빛으로 예쁜 산책길이 돼요.

청계천은 도시에서 자연을 되살린 공공 디자인의 대표 사례예요. 도시 열기를 줄이고, 시민들에게 쉼과 문화의 공간을 선물했답니다!

모두를 위한 공간, 유니버설 디자인 이야기

누구나 쉽게 쓸 수 있도록 만든 디자인을 유니버설 디자인이라고 해요. 유니버설 디자인은 사람을 따로 구분하지 않고, 처음부터 모두를 위해 만든 디자인이에요.

노르웨이 오슬로의 버스 정류장

노르웨이 오슬로에는 비 오는 날에도 미끄럽지 않은 바닥, 휠체어도 쉽게 탈 수 있는 높이 조절형 정류장, 시각장애인을 위한 음성 안내 장치가 설치된 정류장이 있어요.

추운 나라지만 따뜻한 배려가 느껴지는 디자인이죠. 아이부터 할머니까지 누구나 편하게 버스를 탈 수 있어요!

- 자료출처 - https://global-geography.org

일본 도쿄 - 도쿄 화장실 프로젝트

공중화장실이 불편하다고요? 일본 도쿄에서는 디자이너들과 협력해 모두가 안심하고 사용할 수 있는 공중화장실을 만들었어요.

휠체어도 들어올 수 있는 넓은 공간, 아기와 함께 쓸 수 있는 가정용 칸, 불투명 유리로 안이 비치지 않는 안전 설계까지! 심지어 어떤 화장실은 일본의 유명 건축가 안도 타다오가 디자인했답니다. 이 프로젝트는 '화장실도 예술이 될 수 있다'는 것을 보여 줬어요!

미국 뉴욕 링컨센터의 리노베이션

뉴욕의 유명 공연장인 링컨센터는 최근 모두를 위한 공간으로 다시 디자인되었어요. 휠체어를 탄 사람이 무대 가까이에서 공연을 볼 수 있게 했고, 청각장애인을 위한 자막 안내, 시각장애인을 위한 음성 해설도 제공해요. '문화는 누구나 즐길 수 있어야 한다'는 생각에서 시작된 멋진 변화예요.

■ 자료출처 - https://architizer.com

그리고… 미래의 공공 디자인은?

앞으로는 어떤 공공 디자인이 생길까요?

- **기후변화를 막는 디자인**

  나무처럼 공기를 정화하는 버스 정류장, 비를 모아 다시 쓰는 지붕

- **디지털과 연결된 공간**

  의자가 스스로 공기 질을 알려 주는 스마트 벤치, 거리마다 바뀌는 디지털 안내판

- **1인 가구, 고령자, 외국인 등 다양한 삶을 배려한 디자인**

  누구나 쉽게 찾고, 이해하고, 함께 어울릴 수 있는 공간

그리고 무엇보다도 '함께 만드는 디자인'이 중요해질 거예요. 아이들의 상상력도 미래의 공공 디자인에 꼭 필요하죠.

"이 놀이터, 다리가 불편한 친구도 즐길 수 있게 바꿔 볼까?"

"엄마가 짐이 많을 때는 이런 벤치가 있으면 좋을 텐데!"

여러분의 작은 아이디어가 내일의 도시를 바꿀 수 있어요. 멋진 공공 디자이너, 혹시 다음은 바로 여러분이 아닐까요?

공공장소 설계도 그리기

실제로 사용할 수 있는 공공장소를 설계해 보아요! 어떤 시설이 어디에 있어야 편리하고 안전할지 생각하면서 공간을 멋지게 디자인해요.

준비물

A3 크기 설계도 양식지 또는 백지, 자(직선 그리기용), 색연필 또는 사인펜, 공공시설 아이콘 스티커(예 화장실, 휠체어존, 안내표지 등)

❖ **활동 방법**

1. 공간 나누기

마인드맵을 참고해 내가 만들고 싶은 공공장소의 이름을 정

하고, 어떤 구역들이 필요한지 생각해요.(예) 책 읽는 공간, 쉼터, 놀이터, 쓰레기통 위치 등)

2. 이동 동선 생각하기

사용자들이 어떤 길로 들어와서 어떻게 이동하는지 동선을 그려요. 장애물이 없어야 하고, 휠체어도 다닐 수 있어야 해요.

3. 환경과 편의 고려하기

쓰레기 분리함, 나무 그늘, 태양광 조명, 비 오는 날을 위한 지붕 등 환경을 지키고 모두에게 편한 시설도 함께 넣어요.

4. 설명과 꾸미기

설계도 옆에 설명 문장을 쓰고 색을 입혀 멋지게 완성해요!

(예) "이 공간은 책을 읽는 쉼터입니다. 햇빛을 막는 천장이 있어요."

❖ 응용 활동

- 완성된 설계도를 전시하거나, 학교 게시판에 걸어 보아요.
- 친구들과 서로의 설계도를 소개하고, 가장 멋진 공간을 뽑는 미니 투표를 해 볼 수 있어요.
- 컴퓨터로 설계도를 다시 그려 보는 활동(디지털 드로잉)도 가능해요.

7장 지구를 지키는 시민이란?

시민성, 책임, 지속 가능한 실천

중심 개념

지구 시민
(Earth Citizen)

관련 개념

지속 가능성(Sustainability)
공동체(Community)

사고 개념

책임(Responsibility)
연결(Connection)

연계 교과

- **도덕**: 공정하게 생활하고 인권과 시민 의식을 기르기
- **사회**: 인구와 환경의 변화를 살펴보고 협력을 통한 지속 가능한 삶 모색하기
- **국어**: 인터뷰·글쓰기를 통해 지구 시민의 생각과 실천 표현하기

탐구 질문

❖ 지구를 지키는 시민은 어떤 생각과 행동을 할까요?

❖ 나의 말과 행동은 공동체에 어떤 영향을 줄 수 있을까요?

❖ 나에게 영감을 주는 시민은 누구인가요?

교과서 속 연결 이야기

이번 장에서는 지구를 지키는 시민의 역할을 탐구하며 도덕, 사회, 국어 과목을 통해 환경과 책임에 대해 함께 배워요.

도덕 시간에는 불공정한 사례나 디지털 사회에서의 문제들을 탐구하며 공정한 생활을 실천하는 태도를 기르고, 인권과 정의에 대해 고민하며 시민의식을 키워 갑니다. 더 나아가 세계 문제를 탐구하면서 인류애를 실천하는 마음을 배우게 됩니다.

사회 시간에는 지구촌의 인구 분포와 특징을 탐구하며 우리와 다른 지역 사람들의 삶을 이해하고, 환경과 발전, 평화 같은 지구촌의 문제를 어떻게 해결할 수 있을지 함께 고민합니다. 갈등과 협력, 지속 가능한 삶, 균형 있는 발전의 의미를 배우며 공동체 연대의 중요성을 깨닫게 되지요.

국어 시간에는 시민 인터뷰와 같은 활동을 통해 질문을 만들고 답을 정리하며, 다른 사람의 의견을 경청하고 요약하는 연습을 합니다. 또 설명하는 글을 쓰거나 나만의 시민 선언문을 발표하면서 자신이 생각하는 지구 시민의 모습과 실천 방법을 표현하게 됩니다.

이렇게 학생들은 자신이 속한 공동체를 넘어 지구촌 전체와 연결된 존재임을 이해하고, 지구를 지키는 시민으로서 책임 있는 선택과 행동이 필요하다는 것을 배우게 됩니다. 작은 실천에서 출발한 우리의 노력이 더 나은 미래를 만드는 힘이 될 수 있음을 경험하는 것이 바로 이 장의 중요한 목표이지요.

준호의 인터뷰 대작전

"여러분, 이번 주말 과제는 '지구를 지키는 시민을 찾아서 인터뷰하기'입니다!"

선생님의 말씀에 교실 안은 술렁이기 시작했어요.

"누굴 인터뷰해야 하지?"

"뭐라고 질문하지?"

다들 궁금해하면서 수첩을 꺼냈어요.

그중에서도 준호는 무척 신이 났어요. 지구 환경에 관심이 많았던 준호는 이 기회를 통해 정말 멋진 인터뷰를 하고 싶었거든요.

"그래! 내가 아는 어른 중에도 지구를 위해 애쓰는 분들이 있을 거야. 이번엔 내가 기자가 돼 보자!"

그날 저녁, 준호는 아빠가 퇴근하자마자 손에 쪽지를 들고 다가갔어요.

"아빠! 질문 세 개만 해도 돼요? 학교에서 인터뷰 숙제가 나왔어요."

"오, 아빠가 첫 번째 대화 상대구나? 그럼 진지하게 답해 줘야겠는걸!"

준호는 진지한 표정으로 물었어요.

"환경을 위해 실천하고 있는 일이 있으세요?"

아빠는 잠깐 생각하더니 이렇게 말씀하셨어요.

"음, 요즘은 퇴근하고 집에 오면 웬만하면 불을 다 끄고 한 방에서만 생활하려고 해. 에너지를 아끼는 거지. 샤워할 때도 시간을 줄이고, 물도 아껴 쓰려고 노력 중이야."

"왜 그런 실천을 하세요?"

"그래야 너희 세대가 살아갈 지구가 더 좋아지지 않겠니? 아빠는 너희한테 '좋은 지구'를 물려주고 싶어."

준호는 아빠의 말에 고개를 끄덕이며 수첩에 **'좋은 지구를 남기기 위해 퇴근 후에도 에너지 절약 실천!'** 이라고 적었어요.

다음 날, 준호는 집 근처 작은 마트에 들렀어요. 늘 밝게 인사해 주는 사장님이 오늘은 무척 바빠 보였지만, 준호의 요청에 잠깐 시간을 내주셨어요.

"사장님, 혹시 잠깐 인터뷰해도 될까요?"

"그럼~ 준호처럼 착한 손님이라면 언제든지!"

"사장님은 환경을 위해 어떤 일을 하고 계세요?"

"나는 비닐봉지를 줄이려고 종이봉투랑 장바구니를 준비했지. 어떤 손님들은 불편하다고 하기도 했지만, 차근차근 설명하니까

이제는 익숙해졌어."

"왜 그렇게 하시는 거예요?"

"비닐은 땅에 묻혀도 수백 년 동안 썩지 않잖니. 바다로 흘러가면 거북이나 고래가 삼킬 수도 있고. 그런 생각을 하면, 종이봉투가 조금 비싸도 마음은 편하지."

준호는 다시 수첩을 열어 '종이봉투 사용! 환경을 위해 불편함을 감수하는 멋진 사장님'이라고 적었어요.

"사장님, 마지막 질문이에요. 아이들에게 전하고 싶은 말 있으세요?"

사장님은 웃으며 말씀하셨어요.

"환경을 지키는 건 거창한 일이 아니야. 마트에 올 때 장바구니 하나 챙기는 것부터 시작해 보렴. 꾸준히 하면 세상도 바뀔 수 있어."

그날 오후, 준호는 도서관으로 향했어요. 조용히 책을 정리하고 있던 도서관 선생님께 다가가 조심스럽게 말했죠.

"선생님, 인터뷰 과제 때문에 잠깐 질문드려도 될까요?"

"그럼요, 무슨 질문인가요?"

"선생님은 지구를 지키기 위해 어떤 일을 하시나요?"

선생님께서 책을 내려놓고 말씀하셨어요.

"나는 매일 책을 정리하면서 아이들이 빌려 간 책이 잘 돌아오는 걸 볼 때마다 기분이 좋아요. 왜냐하면, 책을 빌리고 다시 돌려주는 것도 자원을 순환시키는 일이거든요. 새 책을 매번 사는 것보다 환경에도 좋고, 모두가 함께 나눌 수 있잖아요."

"그렇다면 지구를 지키는 시민은 어떤 사람일까요?"

"**작은 실천을 꾸준히 하는 사람이라고 생각해요. 플라스틱을 줄이고, 음식을 남기지 않고, 다른 생명을 존중하는 마음을 가진 사람 말이에요.**"

"마지막으로 아이들에게 한마디 해 주세요."

"준호처럼 스스로 질문하고 찾아보는 자세가 바로 지구 시민의 시작이랍니다. 앞으로도 궁금한 게 있으면 언제든지 물어 보세요."

집으로 돌아가는 길, 준호는 가방 속 수첩을 꺼내 펼쳐 보았어요.

거기에는 아빠의 에너지 절약 이야기, 마트 사장님의 종이봉투 선택, 도서관 선생님의 책 돌려 읽기 철학이 담겨 있었죠.

'지구를 지키는 시민은 멀리 있는 게 아니구나. 우리 동네에도 이렇게 멋진 어른들이 있잖아.'

준호는 속으로 다짐했어요.

'나도 이제 시민이야. 오늘부터 내 실천을 시작해야겠어. 먼저 샤워 시간부터 줄여 볼까?'

준호의 수첩 한 장에서 시작된 이 작은 인터뷰는, 지구를 위한 아주 멋진 첫걸음이 되었답니다.

개념 이해

지구 시민과 지구를 지키는 교육

지금 우리 지구는 여러 가지 문제를 겪고 있어요. 날씨가 점점 더워지고, 북극의 얼음이 녹고, 바다에 사는 동물들이 위험에 처해 있어요. 쓰레기가 너무 많아지고, 깨끗한 물이 부족한 지역도 있어요. 이렇게 지구가 아픈 이유는 대부분 사람이 너무 많은 자원을 쓰고, 자연을 잘 돌보지 않았기 때문이에요.

그래서 요즘 많은 학교와 나라에서는 '지구를 지키는 시민'을 길러내기 위한 새로운 교육을 시작하고 있어요. 이것을 ==‘지구 시민 교육’== 또는 ==‘지속 가능 발전 교육’==이라고 해요. 이름은 어렵지만, 쉽게 말하면 ==‘지구에 사는 모두를 위해 생각하고 실천하는 교육’== 이에요.

지구 시민은 어떤 사람일까요?

지구 시민은 자신이 사는 마을뿐만 아니라, 지구 반대편에 사는 사람들과 동물들, 미래 세대까지 생각할 수 있는 넓은 마음을 가진 사람이에요. 지구 시민은 ‘나 하나쯤 괜찮겠지.’라고 생각하지 않아요. 나의 행동이 다른 사람과 지구에 어떤 영향을 줄 수 있는지 고민하고, 더 나은 세상을 만들기 위해 작지만 의미 있는 실천을 해요.

예를 들어, 쓰레기를 줄이기 위해 장바구니를 들고 다니거나, 에너지를 아끼기 위해 불을 끄는 행동도 모두 지구 시민의 모습이에요. 또, 어려운 친구를 돕거나, 다른 문화와 생각을 존중하는 태도도 중요해요. 지구 시민은 서로 다름을 인정하고, 함께 사는 방법을 찾으러 노력해요.

왜 이런 교육이 필요할까요?

과학자들은 지금처럼 자원을 낭비하고 자연을 훼손한다면, 미래의 어린이들은 깨끗한 공기와 물을 누리기 어려울지도 모른다고 경고하고 있어요. 그래서 어릴 때부터 지구를 소중히 여기는 마음과, 문제를 해결할 수 있는 지식과 태도를 배우는 것이 아주 중요해요.

이 교육은 단지 환경만을 다루는 것이 아니에요. 가난, 불평등, 전쟁, 기후변화, 생물 다양성의 감소 등 우리가 함께 해결해야 할 문제를 다뤄요. 아이들이 이 문제들을 남의 일처럼 여기지 않고, 자신이 할 수 있는 역할을 생각하도록 돕는 것이 목표예요.

지구 시민 교육은 무엇을 배우나요?

지구 시민 교육에서는 먼저 지금 지구에 어떤 문제가 있는지 알아봐요. 기후가 왜 바뀌는지, 어떤 나라 사람들이 물 부족으로 고통받는지, 왜 나무를 심는 것이 중요한지를 배우죠. 그리고 나의 말과 행동이 지구와 사람들에게 어떤 영향을 주는지 생각해요.

그다음에는 나만의 실천 방법을 찾아요. 플라스틱 줄이기, 전기 절약하기, 공정 무역 물건 사용하기, 친구들과 지구를 지키는 프로젝트를 기획해 보기도 해요. 어떤 때는 직접 동네 어른들을 인터뷰하거나, 자신이 존경하는 지구 시민을 소개하는 활동도 해요.
이런 활동을 통해 아이들은 세상에 대해 더 많이 배우고, 스스로 생각하고, 문제를 해결하려는 태도를 기르게 돼요. 나아가 다른 친구들과 협력하는 법도 배우게 되죠.

생태 시민, 녹색 시민, 행성 시민?

지구 시민이라는 말과 함께 최근에는 다양한 새로운 시민성 개념도 생겨났어요. 예를 들어 '생태 시민'은 자연과 생명을 아주 소중히 여기는 시민이에요. 동물이나 식물이 사라지지 않도록 보호하고, 자연과 더불어 살아가려고 노력하죠.

'녹색 시민'은 환경문제를 더 구체적으로 실천하는 시민이에요. 예를 들어 나무 심기, 비닐봉지 쓰지 않기, 도시에서 자전거 타기 같은 활동을 통해 직접 지구를 지키는 행동을 해요.

'행성 시민'이라는 말도 있어요. 이건 단지 지구를 넘어, 우리 모두가 우주의 일부로서 더 넓은 차원에서 환경과 인류를 함께 생각하자는 새로운 개념이에요. 기후변화뿐 아니라 문화, 과학, 기술, 윤리까지 모두 포함해서 생각하는 지구 시민의 확장된 모습이죠.

개념 확장

공정 무역 이야기
- 모두가 함께 웃을 수 있는 거래

우리는 매일 커피, 바나나, 초콜릿, 사탕 같은 물건들을 먹고 사용해요. 그런데 그 물건들이 어디서, 누가 만들었는지 생각해 본 적 있나요? 어떤 물건은 아주 멀리 떨어진 나라에서 온 것일 수도 있어요. 그곳에서는 농부들이 땀 흘려 일하지만, 자신이 만든 물건을 아주 싼 값에 팔아야 해서 힘들게 살아가고 있어요.

이럴 때 필요한 것이 바로 '공정 무역'이에요. 공정 무역은 말 그대로 '공평하고 정직한 방법으로 물건을 사고파는 거래'예요. 일하는 사람들이 정당한 돈을 받고, 안전하게 일할 수 있도록 도와주는 거래 방법이에요. 특히 개발도상국이라고 불리는 나라에서 사는 농부나 노동자들에게 더 나은 삶을 살 기회를 주는 거래 방식이에요. 공정 무역은 단지 싸고 많은 물건을 파는 것이 아니라, 사람의 노력과 땀을 소중히 여기고, 자연도 함께 생각하는 거래예요.

공정 무역에서는 어떤 약속을 하나요?

공정 무역을 실천하려면 몇 가지 중요한 약속을 지켜야 해요. 예를 들어, 어린이를 억지로 일하게 하지 않기로 약속하고, 모든 사람이 차별 없이 일할 수 있도록 하며, 일한 만큼 정당한 돈을 주기로 해요. 또 환경을 파괴하지 않고, 좋은 일자리 환경을 만들기로 해요. 이렇게 약속을 잘 지키는 생산자와 회사만 공정 무역 인증을 받을 수 있어요.

공정 무역이 특별한 이유는 무엇일까요?

보통 우리가 물건을 살 때는 여러 회사와 중간 상인을 거쳐서 우리에게 도착해요. 이 과정에서 생산자, 즉 물건을 만든 사람은 아주 적은 돈만 받게 돼요. 하지만 공정 무역은 그 과정을 단순하게 줄여서, 생산자가 직접 협동조합을 만들고 소비자와 더 가까이 거래할 수 있도록 도와줘요. 그래서 농부들은 더 많은 돈을 받을 수 있고, 자신들이 만든 물건이 어디에 팔리는지도 알 수 있어요.

예를 들어, 공정 무역 커피를 만들면 커피 농부는 일반 거래보다 10~50% 정도 더 받을 수 있고, 지역사회 발전을 위한 추가 지원금도 받을 수 있어요.

세계 속 공정 무역 이야기

스타벅스에서는 공정 무역 인증 커피를 사용하고 있어요. 이 커피는 환경을 보호하면서 생산되고, 농부들에게도 정당한 보상이 주어져요. 한국에는 '아름다운커피'라는 단체도 있는데, 이곳에서도 공정 무역 커피를 판매하면서 소비자와 농부를 직접 연결하고 있어요.

바나나도 공정 무역으로 거래되는 대표적인 과일이에요. '아그로페어'라는 회사는 세계에서 가장 많은 공정 무역 바나나를 수출하는 곳이고, 'APTBOS'라는 페루의 협동조합은 작은 농부들이 모여 바나나를 함께 키우고 팔아요. 한국의 아이쿱생협도 이 바나나를 들여와서 팔고 있답니다.

초콜릿을 만드는 회사들도 공정 무역에 참여하고 있어요. '토니스 초코론리'라는 회사는 아주 맛있는 초콜릿을 만들면서도 일하는 사람들이 힘들지 않도록 신경 써요. 베트남의 '마루 초콜릿'은 한 가지 지역에서만 난 카카오를 써서 맛이 특별하고, '업업 초콜릿'은 친환경 포장과 좋은 노동 조건으로 주목받고 있어요.

공정 무역은 설탕, 사탕, 수공예품, 옷 같은 제품에도 적용돼요. 네팔에서는 여성을 위한 수공예 공정 무역도 이루어지고 있고, 인도에서는 청각장애인과 여성을 위한 의류 회사가 공정 무역을 실천하고 있어요.

한국의 공정 무역은 어디까지 왔을까요?

한국에서도 공정 무역을 실천하는 사람들이 점점 많아지고 있어요. 처음에는 작은 가게에서 시작했지만, 지금은 여러 협동조합과 단체들이 함께 참여하고 있어요. 아이쿱생협은 우리나라 공정 무역 물품의 절반 이상을 판매하고 있어요. 광명시 같은 지역에서는 청소년들이 공정 무역 음료를 만들기도 하고, '카페 푸르다'에서는 공정 무역 제품만 사용하는 특별한 카페를 운영하고 있어요.

또 기업들도 사무실에서 공정 무역 커피를 쓰거나 직원들에게 공정 무역 간식을 제공하는 '사내 공정 무역'에 참여하고 있어요. 이렇게 많은 사람이 공정 무역을 통해 더 좋은 세상을 만들고 있어요.

공정 무역이 더 널리 퍼지려면?

공정 무역은 많은 장점이 있지만, 아직도 어려움이 있어요. 한국에서는 공정 무역 제품을 어디서 사야 하는지 모르는 사람이 많고, 가격이 조금 비싸다고 느끼는 사람도 있어요. 하지만 좋은 품질, 정직한 거래, 환경보호, 사람을 위한 소비라는 가치를 알게 되면 더 많은 사람이 공정 무역을 선택할 수 있어요.

공정 무역은 어떤 세상을 꿈꿀까요?

공정 무역은 단지 '착한 소비'가 아니에요. ==누구나 열심히 일한 만큼 정당한 대가를 받고, 안전하게 일하며, 자연도 함께 지킬 수 있는 그런 세상을 꿈꿔요.== 이건 모두가 함께 잘 살기 위한 '약속'이에요. 공정 무역을 선택한다는 것은 그 약속에 함께 참여하는 일이에요.

우리가 커피 한 잔, 초콜릿 하나를 고를 때도 세상을 바꿀 수 있어요. 다음에 마트에 갔을 때 '공정 무역 마크'를 찾아보는 건 어떨까요?

공정 무역 마크를
찾아봐!

시민 선언문 쓰기

지구를 위한 실천은 아주 작은 약속에서 된답니다. 내가 어떤 시민이 되고 싶은지 생각해 보고, 가족과 함께 나만의 시민 선언문을 써 보세요.

준비물

A4 종이 또는 노트, 색연필이나 사인펜, 가족과의 대화 시간

❖ **활동 방법**

1. 가족과 함께 지구를 지키기 위한 일상 속 실천을 이야기해 봐요.
2. 내가 실천하고 싶은 한 가지를 골라 시민 선언문을 써 보세요.
3. 문장을 꾸미고 색칠해서 나만의 선언문을 완성해요.

4. 완성된 선언문을 냉장고, 현관문, 책상 앞에 붙여 두고 언제나 실천을 기억해요.

❖ **응용 활동**

가족이 각자 한 장씩 시민 선언문을 써서 모아 '우리 가족 지구 시민 약속' 파일을 만들어 보세요. 한 주 동안 얼마나 잘 지켰는지 서로 이야기 나누며 실천을 응원할 수 있어요.

나의 시민 선언문

이름: _____

날짜: _____년 _____월 _____일

니는 지구를 지키는 시민이 되기 위해 다음과 같은 일을 실천하겠습니다!

나는 _____

나의 실천을 통해 지구가 더 깨끗하고, 모두가 행복한 세상이 되기를 바랍니다.

(사인 또는 그림)

8장
우리 마을의 미래는 어떻게 변할까요?

지속 가능한 도시와 미래 사회 상상

중심 개념
우리 마을
(Our Town)

관련 개념
도시화(Urbanization)
기술(Technology)
환경(Environment)

사고 개념
기능(Function)
책임(Responsibility)

연계 교과

- **사회**: 지역의 변화와 도시화 과정을 탐구하며 지속 가능한 마을 만들기 배우기
- **과학**: 기후변화와 신재생 에너지를 이해하며 기술이 사회에 주는 영향 살피기
- **실과**: 스마트 도시와 미래 직업을 상상하며 자원 절약 실천 방법 고민하기
- **미술**: 미래 도시와 마을을 그림이나 모형으로 표현하며 공간 창의적으로 구성하기

탐구 질문

❖ 지금 우리 마을에서 어떤 변화가 일어나고 있을까요?

❖ 미래의 마을은 어떤 모습일까요?

❖ 모두가 함께 살아가기 위해 어떤 공간과 기술이 필요할까요?

교과서 속

연결 이야기

　이번 장에서는 '우리 마을의 미래'를 주제로, 사회·과학·실과·미술 교과의 배움이 하나로 이어집니다.

　사회 시간에는 지역의 변화와 도시화 과정을 살펴보며, 지속 가능한 마을을 만들기 위해 어떤 노력이 필요한지 탐구합니다. 특히 기후변화와 환경문제를 고려하면서, 공동체가 어떤 책임을 져야 하는지도 함께 생각하게 되지요.

과학 시간에는 기후변화와 신재생 에너지, 그리고 새로운 기술이 미래 도시 생활을 어떻게 바꿀 수 있는지 배웁니다. 또 기술 발전이 사회 문제 해결에 기여하는 사례를 통해, 과학적 지식이 책임 있게 활용되어야 한다는 점도 배우게 됩니다.

실과 시간에는 스마트 도시, 미래 직업, 생활 속 발명 아이디어를 통해 앞으로의 생활이 어떻게 달라질지 구체적으로 상상하며, 자원을 절약하고 지속 가능한 삶을 위한 실천 방법을 고민해요.

미술 시간에는 내가 꿈꾸는 미래 도시와 마을을 그림, 설계도, 입체 모형 등 다양한 표현 방식으로 나타내며, 공간을 창의적으로 구성하는 힘을 기르게 됩니다.

여러 교과가 연결된 이번 학습을 통해, 우리 마을이 단순히 '더 편리한 공간'으로 바뀌는 데 그치지 않고, 환경을 보호하고 기술을 올바르게 활용하며 모두가 함께 살아가는 지속 가능한 공동체로 나아가야 한다는 점을 깨닫게 됩니다. 작은 상상과 실천이 곧 미래 마을을 만드는 첫걸음이라는 사실을 배우는 시간이 될 거예요.

윤서의 미래 마을 설계도

윤서는 주말에 가족과 함께 마을 박물관에 갔어요. 마침 특별 전시회가 열리고 있었어요. 전시회 이름은 바로 '우리 동네 100년 전과 100년 후'.

처음에는 그저 그런 마을 전시겠지 싶었는데, 윤서는 첫 번째 사진을 보고 눈이 휘둥그레졌어요.

"어? 여긴 내가 지금 사는 아파트 자리잖아!"

100년 전 그곳은 드넓은 논밭이었고, 그 위로 황금빛 벼가 바람에 살랑살랑 흔들리고 있었어요. 어린이들이 맨발로 물놀이를 하고, 허수아비 옆에는 하얀 백로가 날아다녔어요. 하지만 지금은 높은 아파트가 빼곡하게 들어서 있고, 논은 온데간데없어요.

전시장 반대편에는 '100년 후 우리 마을 상상하기'라는 공간이 있었어요. 아이들이 만든 미래 마을 그림이 걸려 있었는데, 그중 어떤 그림에는 공중에 버스가 날아다니고 있었고, 어떤 그림에는 나무가 자라는 투명한 건물이 있었어요.

그날 윤서는 집으로 돌아오는 길에 생각했어요.

'이렇게나 많이 바뀌었다면, 앞으로 30년, 50년 뒤엔 우리 마을이 또 어떻게 바뀔까?'

밤이 되자 윤서는 서랍 속에서 '미래 마을 설계 노트'라는 제목을 적은 새 공책을 꺼냈어요. 그리고 가방에서 색연필을 꺼내 조심스럽게 첫 장을 넘겼죠.

처음 그린 그림은 자동차 대신 하늘을 날아다니는 '전기 공중 버스'였어요. 이 버스는 태양열로 움직이고, 땅에 도로를 깔지 않아도 돼서 나무를 베지 않아도 돼요. 그다음에는 '빗물 재활용 수돗물 시스템'을 그렸어요. 지붕에 달린 투명한 통이 빗물을 모아서 정화하고, 그 물로 세탁도 하고 화분에 물도 줄 수 있게 했죠. 윤서는 또 '친환경 아파트'를 상상했어요. 모든 집의 지붕에 작은 텃밭이 있어서 채소와 과일을 직접 키울 수 있고, 집 옆에는 꽃밭도 있었어요.

그렇게 윤서는 새벽이 가까워질 때까지 조용히, 그리고 신나게 미래 마을을 설계했어요.

다음 날 아침, 학교에서 담임 선생님께서 말씀하셨어요.

"얘들아, 혹시 너희도 30년 뒤 이 마을이 어떻게 변할지 상상해 본 적 있니? 오늘은 너희가 꿈꾸는 미래 도시를 그려 보는 시간을 가질 거야."

교실 안은 갑자기 시끌시끌해졌어요. "하늘을 나는 자동차 그려야지!", "나는 에코 타워!" 하고 아이들은 신이 났죠.

윤서는 친구들과 같은 조가 되어 팀 이름을 '초록별 도시 설계단'이라고 정했어요. 친구 민규는 '자동 안내 로봇'을 제안했어요.

"이 로봇은 시각장애인이나 나이 많은 어르신이 길을 걷다가 어려움을 겪으면 바로 도와줘. 길 안내는 물론, 위험이 생기면 구조 요청도 할 수 있어!"

수아는 '스마트 환경 규칙 센서'를 그렸어요.

"이건 무분별하게 땅을 파거나 나무를 베면 자동으로 경고가 울려. 환경을 지키는 규칙을 지키지 않으면 마을 전체에 알림이 가!"

윤서는 팀 친구들의 아이디어를 모두 그림으로 정리하고, 자신이 그린 미래 마을 설계 노트도 보여 줬어요.

친구들은 "우와, 진짜 도시 같아!", "이런 데서 살고 싶다!"라며 감탄했어요.

발표 시간, 윤서의 팀은 자신들의 아이디어를 큰 도화지에 정리해서 설명했어요. 사람들이 걷기 편한 길, 누구에게나 열린 놀이터, 자연과 기술이 함께 어우러진 깨끗한 마을.

선생님께서 발표를 들으며 미소를 지었어요.

"여러분, 오늘 여러분이 상상한 도시는 그냥 꿈이 아니에요. 오늘처럼 함께 생각하고 그려 보는 것이 바로 도시를 바꾸는 첫걸음이랍니다."

윤서는 발표를 마치고 자리로 돌아오며 조용히 다짐했어요.

'미래는 멀리 있는 게 아니야. 지금 내가 그리는 이 설계도 하니하니가 우리 마을의 미래를 만드는 거야. 오늘부터 내가 할 수 있는 작은 실천을 하나씩 해 볼 거야.'

우리 마을의 미래, 어떤 모습일까요?
- 지속 가능한 도시 이야기

요즘 세상에는 사람들이 모여 사는 '도시'가 점점 더 많아지고 있어요. 아파트, 빌딩, 공원, 지하철, 도서관, 시장, 병원… 우리가 사는 마을도 도시의 한 부분이죠.

그런데 도시가 커지면 좋은 점만 있을까요?

자동차가 너무 많아지면 공기가 나빠지고, 쓰레기가 많이 생기면 땅과 바다가 아프고, 나무가 없어지면 동물들이 살 곳이 사라져요.

이런 문제들이 생기지 않게 하려고 전 세계 사람들은 '지속 가능한 도시'를 만들자는 약속을 하고 있어요.

지속 가능한 도시란?

'지속 가능한 도시'란, 지금 사는 사람들과 미래의 어린이들까지 건강하고 행복하게 살아갈 수 있도록 잘 설계된 도시예요.

예를 들어, 누구나 집을 살 수 있는 마을, 휠체어나 유모차를 타고도 다닐 수 있는 길, 걷기 편한 인도, 전기 버스나 자전거 같은 깨끗한 교통수단, 그리고 나무와 풀, 놀이터가 많은 공원이 있는 도시를 생각해 보세요.

이런 도시라면 모두가 더 편하고 안전하게 지낼 수 있겠죠?

그래서 유엔에서는 '지속 가능한 도시와 공동체'를 위한 2030년 목표도 만들었어요. 이 목표에는 모든 사람이 깨끗한 집에서 살 수 있도록 하고, 안전한 대중교통을 만들고, 재난에도 잘 대비하는 도시를 만들자는 약속들이 담겨 있어요.

지속 가능한 도시를 만드는 3가지 중요한 요소

지속 가능한 도시를 만들려면 세 가지를 함께 잘 생각해야 해요.

환경(Planet)

깨끗한 공기와 물, 적은 쓰레기, 친환경 에너지, 자전거 도로처럼 지구를 아프지 않게 하는 것이 필요해요.

사람(People)

모두가 평등하게 살 수 있어야 해요. 나이, 성별, 장애와 상관없이 누구나 마을에서 안전하고 편하게 지낼 수 있어야 해요.

경제(Profit)

도시에 일을 할 수 있는 공간도 있어야 하고, 사람들이 새로운 아이디어를 만들어 낼 수 있는 환경도 필요해요. 그래야 모두가 먹고살 수 있는 건강한 마을이 돼요.

이 세 가지가 잘 어우러진 도시가 바로 지속 가능한 도시예요.

세계 곳곳에서는 어떤 노력을 하고 있을까요?

유엔에서는 "모두를 위한 도시"를 만들자고 약속했어요. 누구도 소외되지 않고, 누구나 참여할 수 있는 도시 말이에요.

특히 유럽에서는 최근 몇 년 동안 도시에서 공기를 깨끗하게 하고, 나무와 공원을 늘리는 일을 하고 있어요. 코로나19 이후로는 사람들이 밖에서 더 많이 활동하려고 해서 공원과 자전거 도로가 더 중요해졌어요.

전환 도시란?

'전환 도시'라는 말도 있어요. 이건 도시 전체를 조금씩 바꿔가면서 더 좋은 마을로 만드는 운동이에요.

예를 들어 마을 사람들이 모여서 전기를 아끼는 법을 배우고, 재활용을 잘하는 법을 공유하거나, 시장에 가는 길을 자동차 대신 자전거 도로로 바꾸는 활동을 해요. 이건 혼자 하는 것이 아니라 이웃끼리 서로 도우며 조금씩 바꾸는 일이에요.

전환 도시는 '느리지만 진짜로 바뀌는 도시'를 꿈꿔요. 마치 버섯이 보이지 않는 땅속에서 자라다가 어느 날 갑자기 모습을 드러내는 것처럼, 마을도 보이지 않는 곳에서부터 조금씩 바뀌는 거예요.

리질리언트 시티란?

또 하나의 새로운 도시 개념은 '리질리언트 시티', 우리말로는 '회복 탄력성 도시'예요.

이건 도시가 큰 어려움을 겪어도 다시 일어설 힘을 갖는 것을 말해요. 예를 들어 큰 홍수가 나거나, 지진, 감염병 같은 위기가 닥쳐도 도시가 다시 돌아올 수 있도록 준비하는 거예요.

이런 도시들은 단지 원래 상태로 돌아가는 것이 아니라, 더 나은 도시로 변화할 힘을 갖고 있어요. 환경, 경제, 건강, 교육, 법 등 모든 걸 함께 고려해서 만드는 도시예요.

함께 생각해 볼까요?

- 내가 사는 마을이 더 편리하고 안전해지려면 어떤 변화가 필요할까요?
- 모두가 함께 잘 살기 위해, 나는 어떤 마을을 상상하나요?
- 지금부터 내가 할 수 있는 작은 실천은 무엇일까요?

지구를 위한 멋진 마을 이야기
- 세계의 지속 가능한 도시들

암스테르담은 왜 '1등 도시'가 되었을까요?

네덜란드의 수도 암스테르담은 지속 가능성 도시 순위에서 높은 평가를 받은 멋진 도시예요. 이 도시는 돈도 잘 벌고, 모든 사람이 평등하게 살 수 있도록 노력하고, 깨끗한 에너지(태양이나 바람의 힘)를 많이 사용하고 있어요. 사람들이 일하기도 편하고, 걸어 다니거나 자전거 타기도 좋은 도시라서 많은 나라 사람들이 부러워한답니다!

암스테르담
출처: By FaceMePLS from The Hague, The Netherlands - 'Molen De Gooyer' Funenkade Amsterdam, CC BY 2.0,

자동차 없는 도심?! - 슬로베니아의 류블랴나

류블랴나는 유럽에서 가장 깨끗한 도시 중 하나예요. 이 도시에서는 도심에 자동차가 다닐 수 없어요! 대신에 무료 전기 차 셔틀이나 공공 자전거를 타고 다녀요.

사람들은 직접 분리수거를 열심히 해서 쓰레기의 70% 이상을 재활용하고 있고, 도시의 75%가 공원과 나무로 가득해요.

정말 초록빛이 가득한 도시죠?

슬로베니아의 류블랴나

우리나라 서울과 장수마을은 어떻게 달라졌을까요?

서울은 사람들이 집 근처에서 일하고 놀고 쉴 수 있도록 '보행일상권'이라는 계획을 만들고 있어요. 걸어서 30분이면 필요한 걸 다 해결할 수 있는 걷기 좋은 도시를 만들겠다는 거예요.

또 서울 성북구의 장수마을에서는 동네 사람들이 함께 공부하고, 쓰레기 문제를 해결하며, 스스로 마을을 더 좋게 만드는 활동을 하고 있어요. '마을 학교'도 열고, '마을 신문'도 만들고, 아파트가 아닌 '이웃끼리 돕는 동네'를 만들고 있는 거죠!

함께 사는 마을, 코하우징 이야기

요즘 한국에서도 '코하우징'이라는 새로운 마을이 생기고 있어요. 이건 그냥 집에만 사는 것이 아니라, 이웃들과 함께 밥도 만들고, 학교도 살리고, 마을도 함께 가꾸는 새로운 공동체예요.

예를 들어 경상북도 상주에는 친환경 공동체 마을이 있어요. 이 마을 사람들은 서로 도우며 집을 짓고, 초등학교도 함께 살려서 도시에서 온 친구들이 1년 동안 '산골 유학'을 할 수 있게 했대요.

정말 따뜻한 마을이죠?

15분이면 모든 게 OK! – '15분 도시'란?

'15분 도시'는 걸어서 15분 안에 학교, 병원, 도서관, 놀이터, 마트 등 모든 걸 이용할 수 있게 만드는 도시예요.

프랑스에서 처음 시작됐는데, 우리나라 부산도 이걸 따라 하고 있어요. 부산은 사람들이 이웃과 함께, 깨끗한 환경 속에서, 가까운 곳에서 편리하게 살 수 있도록 도시를 바꾸고 있어요.

서울도 비슷하게 'n분 도시'라는 계획을 세워서 집 근처에서 모든 걸 누릴 수 있게 하고 있답니다.

도시를 똑똑하게 만드는 스마트 기술

싱가포르라는 나라는 모든 정부 서비스의 99%를 스마트폰으로 할 수 있어요! 바르셀로나는 전기를 아끼고, 공기를 맑게 하는 기술을 사용해서 도시를 더 똑똑하게 만들고 있어요.

이렇게 도시의 문제를 기술로 해결하는 것을 '어반테크'라고 해요. 예를 들어 우버는 자동차 문제를, 위워크는 사무실 공간 문제를, 어반풋프린트는 도시 설계와 재난 대비를 도와줘요.

미래 도시는 이렇게 점점 더 똑똑해지고 있어요!

싱가포르

기후변화에 대비하는 도시들

기후변화로 인해 폭염, 홍수 같은 일이 자주 생기고 있어요. 그래서 도시도 기후에 강한 도시로 바뀌고 있어요.

- 스페인 바르셀로나는 자동차를 줄이고 사람이 걸을 수 있는 공간을 늘리고 있어요.
- 네덜란드 암스테르담은 비가 많이 와도 홍수가 나지 않게 도시를 설계하고 있어요.
- 서울은 '그린뉴딜'이라는 계획으로 탄소를 줄이고 공원을 더 많이 만들고 있답니다.

자원을 아끼는 도시, 순환 경제

두바이에서는 스스로 전기, 물, 음식까지 해결하는 미래 도시를 만들고 있어요. 태양으로 전기를 만들고, 빗물로 물을 모으고, 음식물 쓰레기로 기름을 만들어서 도시 안에서 모든 걸 순환시키는 도시를 계획 중이에요.

이런 도시를 만들기 위해 한국도 '그린뉴딜 펀드' 같은 지원 계획을 세워서 준비 중이에요.

도시를 만들 때 주의할 점은?

하지만 도시를 아무렇게나 바꾸면 안 돼요. 새로운 건물이 들어서면서 오래 살던 사람들이 이사를 해야 하는 문제(젠트리피케이션)가 생기거나, 스마트 기술이 발달하면서 어르신이나 어려운 사람들은 기술을 따라가기 힘들 수도 있어요. 그래서 도시를 바꿀 때는 모든 사람을 생각해야 해요.

누구나 편리하고, 누구도 소외되지 않는 도시가 진짜 '지속 가능한 도시'랍니다.

함께 생각해 봐요!

- 내가 살고 싶은 미래 도시는 어떤 모습인가요?
- 우리 동네에도 이런 도시를 만들기 위해 무엇을 바꿔 볼 수 있을까요?
- 나는 어떤 기술이나 아이디어로 도시를 도울 수 있을까요?

개념 확장

미래 도시에서는
어떻게 살게 될까요?

왜 미래 도시는 달라질까요?

앞으로 2050년이 되면, 전세계 사람들 10명 중 7명이 도시에서 살게 된다고 해요. 도시가 점점 커지고 사람들이 많아지면, 더 편리하고 깨끗하고 안전한 도시를 만드는 것이 중요해져요.

미래 도시는 단순히 높은 건물과 빠른 차가 많은 곳이 아니라, 사람과 자연이 함께 잘 살 수 있는 곳이 되어야 해요. 그래서 여러 나라에서는 지금부터 '지속 가능한 도시'를 만들기 위한 준비를 하고 있어요.

집이 똑똑해져요! - 스마트홈

미래에는 집이 사람처럼 스스로 생각하고 움직일 수 있게 될 거예요. 예를 들어, 아침에 일어나기 전에 집이 알아서 햇살 같은 조명을 켜 주고, 방 온도도 딱 좋게 만들어 줄 수 있어요. 창문에 센서가 있어서 공기가 나쁘면 자동으로 환기도 해 준답니다!

그리고 사람이 집에 없을 땐 에너지를 아껴 쓰고, 돌아올 시간엔 미리 준비도 해 줘요. 덕분에 전기와 물을 훨씬 아끼면서도 편하게 살 수 있죠.

AI 비서가 도와줘요!

미래 도시에서는 누구나 자기만의 AI 비서를 갖게 될 거예요. 이 비서는 숙제를 도와주고, 오늘 날씨에 맞는 옷을 추천해 주고, 지하철에서 덜 붐비는 칸까지 알려 줘요.

놀라운 건, 여행 계획도 AI가 다 짜 줄

수 있다는 것!

"엄마랑 도쿄 여행 가고 싶어요!"라고 말하면, AI가 호텔, 놀이공원, 식당까지 다 정리해 준답니다.

홀로그램으로 친구와 이야기해요

화상회의보다 더 멋진 '홀로그램 통화' 시대가 온대요! 눈앞에 친구가 3D로 뿅 나타나고, 마치 같은 공간에 있는 것처럼 이야기할 수 있어요. 학교 수업 시간에도 과학자가 앞에 실제처럼 나타나서 설명해 주거나, 역사 속 인물이 눈앞에 등장해 대화도 할 수 있어요!

공부도 나에게 딱 맞게!

앞으로는 학교에서 똑같은 교과서만 보는 것이 아니라, AI가 나에게 딱 맞는 방식으로 공부를 도와줄 거예요.

어떤 친구는 동영상을 보면서 배우는 것을 좋아하고, 어떤 친구는 게임처럼 퀴즈로 배우는 걸 좋아할 수도 있어요. AI는 그런 걸 알아내서 각자에게 맞는 공부법을 알려 줘요.

자동차가 스스로 운전해요!

미래 도시에서는 자율 주행차가 많아질 거예요. 사람이 운전하지 않아도 스스로 길을 가는 똑똑한 차예요.

이런 차가 많아지면 교통사고도 줄어들고, 주차장 같은 공간을 줄여서 공원이나 놀이터로 바꿀 수 있어요.

도시에서 농사도 지어요! – 수직 농장

도시 속 건물에서 농사를 짓는 시대가 와요. 이를 '수직 농장'이라고 해요. 건물 벽이나 옥상에서 채소와 과일을 키우면, 멀리서 실어 오지 않아도 되고, 신선하고 깨끗한 음식을 바로 먹을 수 있어요!

하늘을 나는 택배 – 드론 배송

미래엔 택배가 드론을 타고 하늘을 날아 우리 집 앞까지 와요. 음식을 주문하면 10분 만에 도착할 수도 있어요!
편의점이 없는 산골이나 섬에서도 쉽게 물건을 받을 수 있어서 모두가 더 편리하게 살 수 있어요.

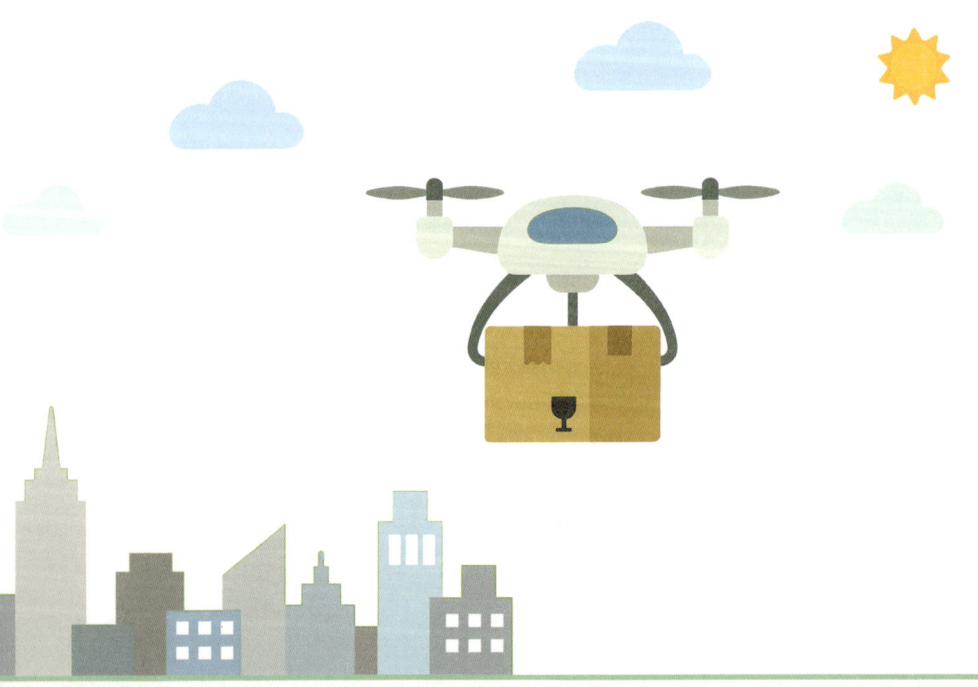

바다 위와 땅속에 도시가 생겨요!

지구에 땅이 부족해지면 바다 위에 떠 있는 도시나, 땅속에 숨은 도시도 생길 수 있어요. 물 위에는 햇빛과 바람으로 전기를 만들고, 물과 음식도 스스로 해결할 수 있어요. 추운 나라에서는 지하 도시가 따뜻하고 안전해서 좋아요!

필요한 건 바로 만들어요! – 3D 프린터

미래에는 가방, 신발, 안경 같은 물건을 3D 프린터로 바로바로 만들 수 있어요. 심지어 병원에서는 아픈 사람에게 맞는 인공 뼈나 장기를 만들어 치료도 할 수 있어요.

모두에게 꼭 맞는 물건을 직접 만드는 시대예요!

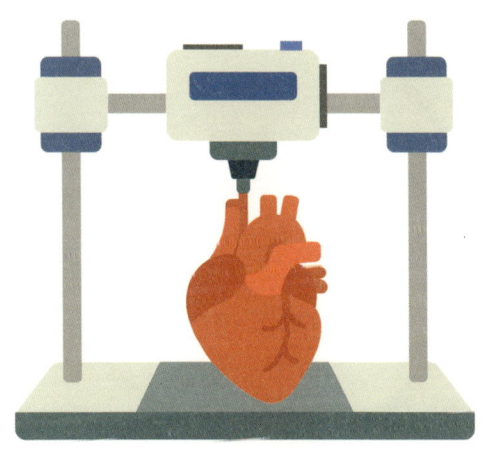

가상 도시와 도시의 뇌?!

컴퓨터 속에 실제 도시처럼 만든 가상 도시(디지털 트윈)에서는 도시를 미리 실험해 볼 수 있어요.

"이곳에 학교를 짓는다면 어떻게 될까?", "이 도로를 바꾸면 교통이 나아질까?"를 미리 컴퓨터에서 실험해 보고 결정할 수 있어요.

버려지는 것이 없는 도시 – 순환 도시

미래 도시는 쓰레기를 버리지 않아요. 모든 걸 다시 쓰고 돌려쓰는 '순환경제'를 실천해요. 남은 음식은 에너지가 되고, 쓰레기는 다시 자원이 돼요. 고장 난 물건은 수리해서 쓰고, 물건은 빌려 쓰기도 해요. 모두가 함께 나눠 쓰는 세상이죠!

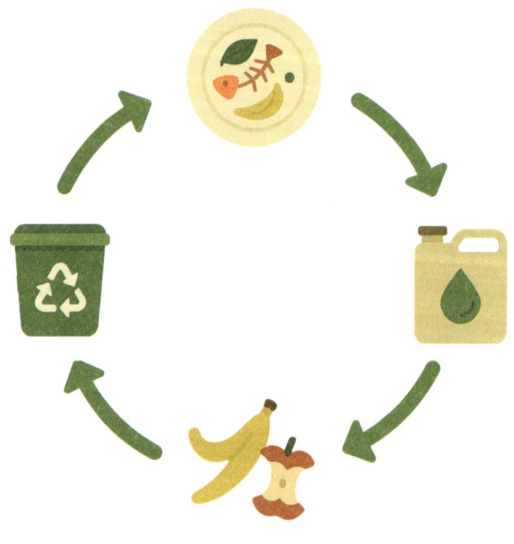

생각만으로 작동하는 도시?

조금 먼 미래에는, 머릿속 생각만으로 집의 전등을 켜거나 음악을 틀 수 있는 기술도 생긴대요. AR/VR 기술로는 집에서 세계 여행을 하거나, 예술 전시를 보거나, 가상의 정원을 산책할 수도 있어요.

마무리: 미래 도시의 모습은?

미래 도시는 단순히 '더 편한 곳'이 아니에요. 사람과 자연이 함께 살아가며, 환경도 지키고, 기술도 쓰고, 모두가 행복한 삶을 살 수 있는 공간이에요. 기술은 도와주는 도구일 뿐, 진짜 중요한 건 사람의 상상력과 따뜻한 마음이에요.

확장 활동

미래 도시 풍경 그리기

30년 뒤 우리 마을의 풍경은 어떻게 바뀌어 있을까요? 미래의 건물, 길, 공원, 탈것, 사람들의 생활 모습을 상상하며 그림으로 표현해 보세요.

준비물

도화지, 연필, 색연필 또는 크레파스, 물감, 자(선택)

❖ **활동 방법**

1. 먼저 마을의 모습을 떠올려 보고, 미래에 어떤 점이 달라질지 상상해요.

(예) 높이 나는 전기 버스, 텃밭이 있는 건물, AR(증강현실)로 연결된 마을 도서관과 광장 등)

2. 도화지에 전체 도시를 그리거나 한 장면을 크게 그려요.
3. 색을 입히고, '30년 후 ○○마을'처럼 제목을 붙여 마무리 해요.

❖ 응용 활동

- 친구들과 함께 벽에 붙여 '미래 도시 갤러리'를 만들어 보세요.
- 미래 도시에 사는 사람이나 동물의 이야기, 일과를 짧게 적어 함께 전시해도 좋아요.

30년 후 우리 마을

처음 시작하는 IB 수업
함께 사는 지구를 지켜요
(Sharing the Planet)

1판 1쇄 발행
2025년 10월 30일

지은이 김선 | **발행처** 도서출판 혜화동
발행인 이상호 | **편집** 이희정
주소 경기도 고양시 일산동구 위시티3로 111
등록 2017년 8월 16일 (제2017-000158호)
전화 070-8728-7484 | **팩스** 031-624-5386
전자우편 hyehwadong79@naver.com

ISBN 979-11-90049-58-0 (74370)
ISBN 979-11-90049-52-8 (세트)

ⓒ 김선 2025
이 책은 저작권법에 따라 보호를 받는 저작물이므로 무단 전재와 무단 복제를 금지하며,
이 책의 전부 또는 일부를 이용하려면 반드시 저작권자와 도서출판 혜화동의 서면 동의를
받아야 합니다.

* 책값은 뒤표지에 있습니다.
* 잘못된 책은 바꾸어 드립니다.